KB001716

고려 열전

박종기 지음

고려 열전

영웅부터 경계인까지 인물로 읽는 고려사

Humanist

인간의 삶으로 엮은 고려왕조의 역사

"역사를 어떻게 서술할 것인가?"

이 질문은 역사가에게 항상 꼬리표처럼 따라다닌다. 이러한 문제의식은 한편으로 역사가에게 각성제 역할을 한다. 역사는 사건과 인간의 두 축을 중심으로 서술되며, 역사서술은 각 사건과 인물에 대한 '왜?', '어떻게'라는 물음에서 시작된다. 그런데 사건은 풍성한데 그것을 움직이는 주체인 인간에 대한 이야기는 많지 않다. 설령 있더라도 군주, 지배층 등 일부에 불과하다. 대부분의 인간은 사건 뒤에 가려져 있어 역사가로부터 외면받는다. 균형 잡힌 역사서술의 어려움이 여기에 있다.

신이 천지를 창조했다면, 인간은 천지를 변화·발전시켜왔다. 그러나 그 변화와 발전의 주체인 인간의 삶과 생각을 중심으로 한 역사서술은 쉽게 찾아보기 어렵다. 마치 정치, 경제, 사회 등 각종 제도의 구조물 속에 갇혀 하루하루 허우적거리며 살아가는 현대의 인간처럼, 역사 속의 인간 역시 거대한 역사의 구조물에 갇혀버린 듯 좀처럼 역사의 전면으로 나오지 못하고 있다. 현대에서 중세, 고대로 거슬러 올라갈수록 인간의 체취가 담긴 역사를 찾기가 더욱 어렵다.

그럼에도 불구하고 나는 이 책을 통해 인간을 역사서술의 중심에 두고 그들의 삶과 생각을 통해 시대와 역사를 읽으려 한다. 고려시대 (918~1392)를 살았던 중세의 인간들과 대화를 나누면서 그들의 속내를 탐색하고자 한다. 잘 알려진 인물은 뒤집어 보기를 통해, 잘 알려 있지 않은 인물은 자료 발굴을 통해 땀 흘려 일하고 고뇌했던 그들의 내면세계는 물론이고, 당대와 사회의 모습을 그려내려 했다.

《고려 열전》은 영웅, 경계인, 역사가, 여인 등 16명의 인물을 통해 그들의 삶과 생각을 담아내려 했다.

이 책은 4부로 나누어 구성했다. 1부는 고려시대에 등장한 영웅들의 모습을 다뤘다. 견훤은 마한-백제 계승론으로, 왕건과 궁예는 마한-고구려 계승론으로 각각 민심을 결집해 국가 건설에 성공했다. 이들은 후삼국 통합전쟁을 힘과 지략이 아닌 역사 계승의식의 '역사전쟁'으로 국면을 전환한 점에서 영웅의 칭호를 받기에 충분했다. 지배층의 덕목에 걸맞은 도덕적 책무를 다해 민중의 추앙을 받은 김경손과 최영도 마찬가지다. 그렇지만 민심과 사회 변화의 흐름을 얼마나 제대로 읽느냐에 따라 영웅들의 공과(功過)와 성패(成敗)가 결정되었다는 교훈을 얻게 된다.

2부는 점성술사, 역관, 환관 등이 자신들의 재능으로 억압과 편견을 극복하고 지배층으로 진입하는 과정을 그렸다. 성공과 출세의 사다리에 올라타기 위해 그들은 천인에서 양인으로, 혹은 그와 정반대로의 신분 이동을 회피하지 않았다. 고려와 원나라의 국경을 자유로이 넘나들었던 그들은 진정한 '경계인'이었다. 후삼국과 원 간섭기 등 급격한 변동의 시기가 '경계인'에게는 오히려 희망과 기회였다. 이들의 행위를 20세기식 민족주의의 잣대로 평가해서는 안 될 것이다. 고려왕조의 역사는 훨씬 다양한 문화와 삶이 녹아 있는 다원적 사회였기 때문이다.

3부에서는 보편성과 다원주의를 추구했던 고려 역사가의 다양한 역사관을 살폈다. 김부식, 이규보, 이승휴, 이제현 등은 어느 누구도 고려의 정체성만을 강조하거나 특정 가치관이나 편견에 사로잡혀 역사를 평가하지 않았다. 또한 당대의 시대정신과 책무를 외면하지도 않았다. 고려의 역사가를 통해 오늘의 역사학과 역사가를 되새겨보는 기회가 될 것이다.

4부에서는 전쟁과 평화가 교차하는 시대를 살았던 고려 후기 여인들의 다양한 삶의 모습을 살펴보았다. 정숙한 주부에서 비구니로 성속(聖俗)을 넘나들면서 독특한 삶을 개척한 허씨 부인, 몽골의 포로가 되어 십수 년 동안 노예생활을 하면서도 가족을 만나기 위해 삶의 끈을 놓지 않았던 김씨 부인, 전쟁으로 아버지와 남편을 잃는 서럽고 고단한 삶이 이어졌지만 절제와 지혜로 꿋꿋하게 견뎌낸 조씨 부인의 이야기는 고려 여인들의 활달한 모습을 보여준다. 그들은 개방적이고 주체적인 자세로 과거에 얽매이지 않고 새로운 삶을 개척하려 끊임없이 노력했다.

이 책에서 다룬 인물은 16명에 불과하지만, 이들의 삶과 고뇌에는 고려 다원사회의 모습이 담겨 있다. 이 책을 통해 독자들은 고려인의 삶과 의식 속에 흐르는 다양성, 개방성, 역동성을 읽을 수 있기를 기대한다. 어디까지나 개인의 삶이지만 그 속에는 그 시대와 사회의 특성이 반영되어 있다. 그런 점에서 이 책이 던지는 메시지의 무게는 결코 가볍지 않다. 개인사 자체가 희비와 성패의 굴곡으로 얼룩진 파란만장의 역사인지라 열여섯 인물의 삶이 응축된 무게가 결코 가볍지 않다는 뜻에서 한 말이다. 한 사람 한 사람이 귀중한 존재라고 막연히 느껴왔던 감정을 이 책을 집필하면서 실감했다. 또한 타인의 삶에 대해서도 좀 더 너그러운 시선을 가져야겠다는 다짐도 하게 된다. 그러한 시선이 지금의 시대를 읽는 데도 필요한 덕목이기 때문이다.

더불어 이 책은 인물을 통해 고려왕조의 역사를 새롭게 읽어나가려는 긴 공정의 시작이다. 인물 자료가 풍부하지 않아 앞으로의 작업은 난공사가 될 것이다. 그렇지만 천리 대장정의 첫 삽을 떴으니 시작이 반이라는 말에 스스로 위안을 삼는다. 중세와 현대의 인간이 서로 공감하고 소통하여 우리의 삶을 여유롭고 풍성하게 하는 것이 이 작업이 추구하는 또 다른 목적이다.

이 책의 초고를 쓰느라 분주했던 지난 2018년은 '고려왕조'라는 화두가 나의 입과 마음을 떠나지 않았던 해였다. 포용과 통합, 화해와 공존을 이룩한 고려 건국의 의미가 오늘의 새로운 시대정신으로 이어졌으면 하는 바람을 이 책의 출간에 담아보고자 한다.

이 책을 완성하는 데 여러 가지 조언과 자료 협조를 해준 많은 분께 감사를 드린다. 특히 원고를 끝까지 읽고 지적해준 강창훈 씨와 휴머니스트 편집부에 감사를 드린다.

2019년 3월 따뜻한 봄날을 맞이하면서
청헌(淸軒) 박종기 쓰다

차례

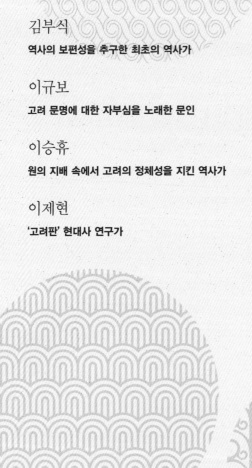

4부 고려의 여성

1부
고려의 영웅

867년 상주 가은현에서 출생.

889년(23세) 서남해 방수군 이끌고 봉기, 서남해안 일대 점령.

892년(26세) 무진주(광주광역시) 점령하고 스스로 왕이라 칭함.

900년(34세) 완산(전주)에서 백제(후백제) 건국.

912년(46세) 영암 덕진포 전투에서 왕건이 이끈 궁예군에 패배. 나주 일대 빼앗김.

926년(태조 9, 60세) 고려에 보낸 인질 진호의 사망으로 고려와 적대관계.

927년(태조 10, 61세) 신라 경애왕 죽이고 경순왕 옹립. 팔공산 전투 승리. 왕건에게 편지 보냄.

928년(태조 11, 62세) 왕건, 견훤에게 답서를 보냄.

930년(태조 13, 64세) 고창(안동) 전투에서 왕건군에 패배. 후삼국 전세 역전.

932년(태조 15, 66세) 예성강 공격. 배 100척 불사르고 저산도 목장의 말 300필 약탈.

935년(태조 18, 69세) 금산사에 유폐(3월). 탈출 후 고려에 귀부(6월).

936년(태조 19, 70세) 왕건, 후백제 신검군 격파. 후삼국 통합. 견훤, 사망.

견훤

통합전쟁의 이슈를 선점한 영웅

승자독식의 역사서술

조선 후기 역사가 성호(星湖) 이익(李瀷, 1681~1763)은 선한 곳에도 악이 있고 악한 곳에도 선이 있듯이, 인간의 내면세계는 매우 복잡해서 역사 속 인물을 하나의 잣대로 평가하는 것은 문제가 있다고 했다. 특히 시대가 내려갈수록 인물 평가는 더욱 어려워진다는 것이다.(《성호사설(星湖僿說)》권20, 경사문(經史門) 〈독사료성패(讀史料成敗)〉) 나아가 그는 인물 평가가 어려운 또 하나의 이유로 '역사는 승자의 기록'이라는 전근대 역사 서술의 관행을 꼽는다.

> (사람들은) 역사를 서술할 때 성패가 이미 정해진 뒤에야 그것에 따라 꾸미기도 하고 지우기도 하는데, 그렇게 하는 것을 당연하게 여긴다.
>
> ─《성호사설》권20, 경사문 〈독사료성패〉

성호 이익은《성호사설》을 통해, 역사적 평가는 성패가 결정된 뒤에 이루어지기 때문에, 승자를 위해 사실을 꾸미거나 승자에게 불리한 사실을 숨기는 것이 가능해져 올바른 평가가 이루어지지 않는다고 했다.

전근대의 역사는 실제로 승자의 입장에서 기록되었다. 새로 창업한 왕조만이 이전 왕조의 역사를 정사(正史)의 이름으로 편찬해 역사 평가의 표준으로 삼을 수 있었다. 그 이외의 역사 기록은 야사(野史)가 된다. 승자독식의 논리가 관철되는 곳이 전근대 역사 기록의 세계이다.

도덕성이 역사의 성패를 좌우하는가?

우리 역사에서 이러한 논리가 가장 잘 나타난 때는 궁예(弓裔, ?~918), 견훤(甄萱, 867~936년), 왕건(王建, 877~943) 세 영웅이 각축을 벌인 후삼국 시대이다. 왕건이 최후의 승자로 결정되면서, 패자인 나머지 두 영웅은 혹독한 평가를 받았다. 1145년(인종 25) 김부식(金富軾, 1075~1151)이 《삼국사기(三國史記)》를 편찬하면서 남긴 사론(史論)이 대표적인 예이다.

신라는 그 운이 다해 도의가 땅에 떨어지자, 온갖 도적이 고슴도치의 털과 같이 일어났다. 그중 심한 자가 궁예와 견훤 두 사람이다. 궁예는 본래 신라 왕자였으나 신라를 원수로 여겨 반란을 일으켰다. 견훤은 신라 백성으로 신라의 녹을 먹었으면서도 모반의 마음을 품고 수도 경주를 공격해 임금과 신하 베기를 짐승 죽이듯 풀 베듯 했다. 두 사람은 천하의 극악한 자들이다. 궁예는 신하에게 버림받았고 견훤은 아들에게 화를 입었다. 모두 자초한 것이니 누구를 탓하겠는가? …… 흉악한 두 사람이 어찌 왕건과 겨룰 수 있겠는가? 그들은 왕건을 위해 백성을 몰아다준 자들에 불과했다.

—《삼국사기》 권50, 견훤 열전

김부식의 평가를 따른다면, 왕건은 덕과 인을 갖춘 이상적인 군주인 반면, 궁예와 견훤은 도적에 불과했다. 정통왕조 신라를 배반한 궁예와 견훤은 그 대가로 각각 신하와 자식에게 버림을 받았고, 결과적으로 통합군주 왕건에게 백성을 몰아다준 조연에 머물렀다.

또 다른 예를 살펴보자.

견훤의 사위 박영규(朴英規)가 아내에게 몰래 말했다. "대왕(견훤)께서 약 40년간 부지런히 노력하시어 왕조 창업의 공이 거의 이루어지려 했는데, 가족 간의 불화로 하루아침에 공이 무너져 고려에 투항했소. ······ 들리는 소문에, 고려 왕공(王公, 왕건)은 아주 어질고 근검해 민심을 얻었으니, 하늘이 도와 반드시 삼한의 통합군주가 될 것이오."

—《삼국사기》 권50, 견훤 열전

위 글은 견훤과 왕건을 도덕의 잣대로 평가한 박영규의 말을 《삼국사기》 찬자가 옮겨 적은 것이다. 즉, 가정사에 실패한 견훤과 어짊과 근검으로 민심을 얻은 왕건을 비교해, 도덕성이 통합전쟁의 승패를 결정했다는 메시지를 던지고 있다.

견훤은 무리를 모으고 영토를 넓게 개척해 백제의 옛 땅을 차지했다. 삼한을 삼키려 한 지 40여 년 만에 넉넉한 경제력과 강한 군사력을 갖추어 신라와 고려보다 국력이 앞섰다. 그러나 견훤의 잔혹한 성격과 승냥이 같은 탐욕은 풀을 베듯 백성을 죽였고, 나라가 전복되고 대가 끊어지게 만들었다. 거기에다 자식에 대한 사랑과 미움이 고르지 않아, 끝내는 패륜의 자식에게 죽임을 당했다. 이른바 "도적이 무리를 지어도 하루를 견뎌낼 계책이 없다."는 말은 견훤을 두고 한 말이다.

—《동사강목(東史綱目)》권5하, 태조 18년 3월.

〈유계(俞棨)의 사론(史論)〉 재인용

《여사제강(麗史提綱)》(1667)을 저술한 유계(俞棨, 1607~1664) 역시 당시 견훤이 경제력과 군사력 면에서 신라와 고려를 능가했지만, 백성을 도탄에 빠뜨린 잔학과 탐욕, 부자 사이의 불화라는 도덕적 결함 때문에 패했다고 했다.

다만 여기에서 한 가지 짚고 넘어가야 할 것이 있다. 유계는 견훤이 아들에게 죽임을 당했다고 언급했는데, 이는 사실과 다르다. 견훤은 여러 명의 아들이 있었는데, 넷째 아들 금강(金剛)을 자신을 이을 왕위 계승자로 정했다. 이에 불만을 품은 첫째 아들 신검(神劍)은 아버지를 금산사(전북 김제)에 유폐하고 스스로 왕위에 올랐다. 유폐된 견훤은 탈출해 개경으로 가서 태조 왕건에게 귀부했고, 견훤의 요청에 따라 태조 왕건은 신검군을 공격해 후백제를 멸망시켰다.

성호는 도덕성을 인물 평가의 기준으로 삼는 것에 매우 비판적이었다.

나는 다음과 같이 생각한다. 고금의 흥망은 시대의 흐름(時勢)에 좌우되는 것이라고. 반드시 사람의 재주와 덕 때문은 아니다. 역사책에 기록된 것 중에는 선을 좋게 여기고 악을 미워하는 편견에서 나온 것이 많다.

신검은 백제 시대에 창건된 금산사에 아버지 견훤을 유폐했다.

'덕이 쌓여 어짊을 이루었다'(積德累仁)는 말은 사실이 아니다.

— 《성호사설》권27, 경사문 〈진적논성패(陳迹論成敗)〉

성호는 재주와 덕보다는 시대의 흐름이 역사의 흥망성쇠를 결정한다고 보았다. 인간과 역사에 대한 객관적 평가를 위해서는 해당 시대를 정확하게 읽을 필요가 있다는 것이다. 이를 위해 성호는 다양한 역사서나 자료를 참고해 사실관계를 밝혀야 한다고 했다.

옛 역사책들을 읽고 여러 책을 증거로 삼아 참고하고 조사해야 한다. 오직 하나의 책만 믿고 단정해서는 안 된다. …… 그 사이에 행운으로 성공한 것도 있고 불행으로 실패한 것도 있다. 대체로 사실이 맞지 않는 곳이 많을 뿐 아니라 맞는 곳도 역시 믿을 수 없다.

—《성호사설》권20, 경사문 〈독사료성패〉

성호는 역사란 성패가 결정된 후에 서술되어서 하나의 역사책에 의존하면 올바르게 평가할 수 없다며 객관적인 역사 평가를 주문했다.

민심의 향배를 정확히 읽다

도덕성의 잣대로 난도질당한 견훤을 다른 시선으로 보면 어떤 모습일까? 그는 시대를 어떻게 인식했으며 그가 제시한 비전은 무엇일까? 이런 시선으로 실패한 영웅 견훤을 재조명해보자.

견훤의 출생에는 여러 설이 있지만, 그는 상주 가은현(加恩縣) 출신으로 아자개(阿慈介)의 아들이다. 군인이 된 그는 변방의 장수로서 신라의 서남 해안을 지키다가, 통일신라 말기의 모순을 분명하게 인식하고 그 대안으로 후백제를 건국했다.

892년(진성여왕 6) 왕의 곁을 지키던 환관들이 권력을 함부로 주물러 나라의 기강이 문란했다. 거기에 기근까지 더해 백성들이 떠돌이가 되었고 도적들이 벌떼처럼 일어났다. 이때 견훤은 몰래 반기를 들 생각으로 무리를 불러모았다. 수도 경주 서남쪽의 군현들을 공격하자, 가는 곳마다 호응하는 무리가 늘어 한 달 만에 5,000여 명이나 되었다. 무진주(武珍州, 광주광역시)를 습격해 스스로 왕이라 했다.

—《삼국사기》권50, 견훤 열전

892년 견훤이 봉기하자 한 달 만에 5,000여 명의 무리가 모여들었다고 한다. 이는 그가 민심의 향배를 정확히 읽고 있었음을 의미한다. 통일신라 말기 극심했던 정치 문란과 민심 이반의 대안으로 그는 새 왕조를 건국했다. 물론 혼란한 시대 상황이 새 영웅의 출현을 도운 측면도 한몫했다. 그는 신라에 반기를 들어 사욕을 채우려 한 단순한 도적이 아니었다.

훗날 신검은 즉위교서에서 아버지를 다음과 같이 평가했다.

우리 대왕(견훤)은 무용(武勇)이 빼어나고 계책은 고금에 으뜸이었습니다. 망해가는 세상에 태어나 세상을 바로잡는 역할을 자임했습니다. 삼한 땅을 돌면서 백제를 부흥했습니다. 백성들의 어려움을 해결해 그들의 생활을 편안하게 했습니다. 바람과 우레와 같은 소리로 북을 치고 춤을 추자, 멀고 가까운 곳의 호걸들이 다투어 달려왔습니다. 백제 부흥의 공업(功業)이 거의 완성되려 했는데, 어린 아들에게 왕위를 잘못 넘겨주는 천려일실(千慮一失)을 범했습니다.

—《삼국사기》권50, 견훤 열전

신검은 견훤의 빼어난 무용과 훌륭한 계책이 고금을 통해 최고의 경지였다고 평가했다. 그 때문에 백제를 부흥할 수 있었다는 것이다. 견훤은 정치와 민생이 파탄에 이른 통일신라 말기의 흐름을 읽고 새로운 시대를 건설하려 한 영웅이었다.

그렇다면 견훤이 펼치고자 한 국가의 비전은 무엇이었을까?

마한-백제의 정통성을 강조하다

나는 삼국의 시원을 살펴보았다. 마한이 먼저 일어난 후 세대를 거듭해 크게 흥했다. 이에 따라 진한과 변한이 마한의 뒤를 이어 일어났다. 백제가 금마산(金馬山)에서 개국한 지 약 600년이 된 총장(摠章, 당나라 고종의 연호, 668~669) 연간에, 당나라 고종이 신라의 요청에 따라 장군 소정방에게 군사 13만 명으로 바다를 건너 백제를 공격하게 했다. 신라의 김유신은 군사들을 이끌고 황산을 거쳐 사비성에 이르렀다. 두 나라 군사가 함께 공격해 백제를 멸망시켰다. 나는 지금 완산(전주)에 도읍하여 (백제) 의자왕의 오래된 억울함을 설욕하고자 한다.

—《삼국사기》권50, 견훤 열전

900년 견훤이 후백제를 건국하면서 발표한 교서이다. 여기에 후백제 건국의 명분과 정당성이 잘 나타나 있다.

참고로 위 인용문에서 "마한이 먼저 일어난 후 세대를 거듭해 크게 흥했다(馬韓先起 後赫世勃興)."는 구절은 그동안 "마한이 먼저 일어나고 뒤에 신라 '혁거세왕(赫居世王)'이 발흥했다."고 해석해왔다. 그러나 '혁세(赫世)'는 혁거세가 아니라 누대, 즉 여러 대를 거쳤다는 뜻이다.[1]

또한 백제가 멸망한 해는 660년이다. 원문에는 백제가 '총장 연간(668~669)'에 멸망한 것으로 되어 있는데, 이는 잘못이다.

견훤은 후백제는 마한-백제를 계승한 정통왕조라는 역사 계승의식을 지니고 있었다. 또한 삼한의 정통인 마한을 계승한 옛 백제의 영광을 회복한다는 건국이념을 제시했다. 892년 무진주를 점령해 스스로 왕을 칭한 지 8년 만에 완산을 도읍지로 삼아 후백제를 건국한 것은 그의 단단한 건국이념이 뒷받침되었기 때문이다. 견훤의 마한-백제 계승론은 어떤 의미를 지니는 것일까?

먼저, 견훤은 우리 역사에서 처음으로 마한-백제 계승론을 제기했다. 물론 이는 옛 백제 지역에서 오랫동안 꾸준하게 전승되어온 것이지만, 견훤은 그것을 건국이념으로 수용함으로써 단숨에 옛 백제 지역 주민들의 지지를 얻어낼 수 있었다. 그런 점에서 그는 민심을 정확히 읽고 왕조를 설계할 수 있는 자질을 지니고 있었다고 볼 수 있다.

다음, 그의 역사 계승론은 궁예와 왕건에게 영향을 미쳤다. 두 사람은 옛 고구려의 영광을 회복하려는 고구려 계승의식으로 삼한을 통합하려 했다. 힘과 지략의 군사력이 지배하던 통합전쟁이 백제와 고구려의 역사 계승의식 대결이라는 이념의 각축장으로 변모했는데, 이렇게 된 데에는 이슈를 선점한 견훤의 역할이 컸다.

앞서 살펴본 삼한과 삼국의 계승을 둘러싼 역사 계승론 연구는 조선 후기 역사가들의 주요 관심사였으며, 지금까지도 영향을 미치고 있다. 그 내용을 요약하면 다음과 같다.

먼저, 삼한과 삼국의 계승관계는 한백겸(韓百謙, 1552~1615) 이래 북방의 고구려를 제외하고, 마한-백제, 진한-신라, 변한-가야 계승론이 대세였다. 한편 삼한 가운데 어느 국가가 단군과 기자조선을 계승하는 정통 국가인가 하는 문제에서는 성호 이익과 순암 안정복(安鼎福, 1712~1791)이 주창한 마한정통론, 즉 단군과 기자조선의 정통을 잇는 국가는 마한이라는 주장이 대세였다.

역사 계승의식, 통합전쟁의 화두가 되다

조선 후기에 성행한 역사 계승론이 통일신라 말기~후삼국 시대에 처음 대두된 것은 주목할 만한 점이다. 견훤이 마한-백제 계승론을 먼저 제기했고, 뒤이어 궁예와 왕건이 고구려 계승론을 제기했다. 901년 고려를 건국한 궁예는 옛 고구려의 역사를 계승하기 위해 삼한 통합을 천명하며 정통왕조 신라에 도전장을 던졌다.(《삼국사기》권50, 궁예 열전) 왕건과 그를 지지한 고려 초기 지배집단도 고구려의 옛 영토를 회복해야 한다는 고구려 계승의식을 건국이념으로 내세웠다.

예를 들면 뒷날 고려 개국공신으로 책봉된 홍유(洪儒, ?~936), 배현경(裵玄慶, ?~936), 신숭겸(申崇謙, ?~927), 복지겸(卜智謙, ?~?)은 왕건을 찾아가 궁예를 몰아내는 쿠데타를 권유하면서, 궁예가 집권한 지 24년이 지나도록 국토의 절반을 차지하고도 삼한을 통합하지 못한 것을 그 명분으로 내세웠다.(《고려사》권92, 홍유 열전 참고) 그들은 궁예의 고구려 계승의식을 수용해 새 왕조를 건국하려 했다.

왜 역사 계승론이 통합전쟁의 주요한 화두가 된 걸까? 이는 삼국 통일 이후 제기된 '일통삼한(一統三韓)', 즉 삼한이 하나로 통합되었다는 의식에서 비롯된 것이다. 삼한 통합은 자부심이자 정당성의 표현이었다. 그러나 혜공왕(惠恭王, 758~780, 재위 765~779) 이후 점차 지배층의 분열과 갈등이 나타나기 시작해, 진성여왕(眞聖女王, 865~897, 재위 887~897) 무렵 각 지역은 사실상 분열 상태가 되었다. 옛 삼국을 근거지로 삼아 등장한 세력들은 옛 삼국 유민들을 결집하기 위해 역사 계승의식을 내세웠다. 통합 전쟁 시기 역사 계승론은 이러한 가운데 나타났던 것이다.

참고로 당시 계승론의 핵심은 마한이 삼한 국가의 정통이며, 삼국 가운데 어느 국가가 마한을 계승하는가 하는 것이었다. 견훤이 마한-백제 계승을 주장했듯이 궁예와 왕건은 마한-고구려 계승을 주장했다. 그런 점에서 궁예와 왕건의 계승의식은 고구려가 삼한의 정통 국가 마한을 계승했다는 최치원(崔致遠, 857~?)의 마한-고구려 계승의식과 연결된다. 《삼국사기》를 통해 최치원의 계승의식을 살펴보기로 하자.

> ① (최치원의) 문집에 실린 〈상대사시중장(上大師侍中狀, 당나라 대사시중에게 올린 글)〉에, "엎드려 생각하건대 동해 바깥에 삼국이 있습니다. 그 이름은 마한, 변한, 진한입니다. 마한은 고구려, 변한은 백제, 진한은 신라입니다."라고 되어 있다.
>
> —《삼국사기》 권46, 최치원 열전

> ② 신라의 최치원은 "마한은 고려(고구려), 변한은 백제, 진한은 신라"라고 했다. 이 주장은 사실에 가깝다고 할 만하다.
>
> —《삼국사기》 권34, 잡지(雜志)3 지리(地理)1 서문

①에서 최치원은 마한-고구려, 변한-백제, 진한-신라라는 삼국의 삼한 계승론을 주장했다. 주목할 만한 점은 고구려가 단군과 기자조선을 계승한 삼한의 정통국가 마한을 계승했다는 것이다. ②에 따르면 《삼국사기》를 편찬한 김부식은 최치원의 계승론이 사실에 가까운 것으로 인정했다.

참고로 최치원이 〈상대사시중장〉을 지은 시기는 893년 또는 897년 무렵이다. 견훤이 주장한 때와 거의 동시기이다. 즉, 같은 시기 마한-백제론과 함께 마한-고구려론이 또 하나의 계승의식으로 공존했던 것이다.

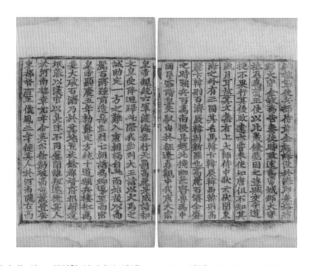

《삼국사기》 권46 최치원 열전 "최치원은 고구려가 마한을 계승했다는 마한-고구려 계승론을 주장했다."(붉은 선 안의 구절)

최치원이 통일신라를 대표해 외교문서를 작성한 점에서 최치원의 계승의식은 당시 지배층의 입장을 대변한 것이며, 고려의 김부식도 인정했듯이, 조선 후기에 한백겸, 이익 등에 의해 이러한 계승의식이 수정되기 전까지 주류의 위치를 차지하고 있었다. 따라서 궁예와 왕건의 역사 계승의식은 당시 신라 지배층의 생각에 뿌리를 두고 있었던 것이다.

반면에 견훤은 신라 지배층으로부터 외면 받은 옛 백제지역의 마한-백제 계승의식을 수용해 후백제의 건국이념으로 내세웠다. 그는 통일신라 말기에 지방에서 유행하던 마한-백제 계승의식을 전면에 내세워 역사 계승의식의 지평을 넓혔다. 그가 아니었다면 마한-고구려 역사 계승의식이 당시에 유일한 것으로 전해졌을지도 모른다.

견훤의 계승의식은 신라 지배층의 생각이 아니라 망국의 한을 품은 옛 백제 주민의 역사 계승의식을 대변했다는 점에서 의미가 있다. 견훤은 정치와 민생의 파탄으로 말기적 증상을 드러낸 통일신라 말기에 새로운 시대를 갈구하는 하층민의 열망을 대변했다. 이 점에서 그는 망국 백제 인의 열망을 역사적 사실로 드러내고 그것을 건국이념으로 승화시킨 혁신적인 사상의 소유자였다.

견훤은 통합전쟁의 패배자였지만, 통합전쟁을 역사 계승의식의 각축 장으로 변모시킴으로써 우리 역사의 폭과 깊이를 확장했다. 적어도 지금 의 눈으로 보면 분명 그러하다. 다만 그는 시대의 흐름을 자신에게 유리 한 방향으로 이끌지 못해 실패했을 뿐이다.

성호는 천하의 일 중에서 시대를 잘 만나는 것이 최상이라 했다〔所値 之勢爲上〕. 행복과 불행은 그다음이며, 옳고 그름은 최하라고 했다. 행운 을 만나 시대의 흐름에 잘 편승했는지의 여부에 따라 영웅의 성패가 갈 렸다는 성호의 다음 경구가 절실하게 다가온다.

천하의 일은 열에 여덟아홉은 행운〔幸會, 행운을 만나는 것〕에 달려 있다. 역사책에 기록된 고금의 성공과 실패, 이로움과 어리석음은 많은 경우 시대의 우연〔多因時之偶然〕에 따른 것이다. 심지어 역사책에 보이는 고 금의 성패와 이둔(利鈍, 영리함과 어리석음)도 많은 경우 우연에 따른 것이 며, 심지어 착하고 선함, 어질고 어리석음 같은 것을 가리는 일은 그 실 효를 제대로 얻기 어렵다. …… 천하의 일은 시대를 잘 만나는 것이 최 상이다. 행복과 불행은 그다음이며, 옳고 그름은 최하이다.

—《성호사설》 권20, 경사문 〈독사료성패〉

- (출생 연도 미상)

891년 죽주(안성)의 기훤에 의탁.

892년 북원(원주)의 양길에 의탁.

894년 명주(강릉)를 점령하고 장군을 칭함.

896년 송악의 왕융과 아들 왕건을 각각 금성 태수와 송악 성주로 임명.

898년 패서도 양주, 김포, 강화 등 30여 성 점령. 송악으로 천도.

899년 북원의 양길에 승리.

901년 왕을 칭하고 국호를 고려라 함.

904년 국호를 마진, 연호를 무태(武泰)로 고침.

905년 철원으로 천도. 연호를 성책(聖册)으로 고침. 청주 1000호 철원으로 이주.

911년 국호를 태봉, 연호를 수덕만세(水德萬歲)로 고침. 미륵불 자칭.

912년 영암 덕진포 전투 승리. 국토의 절반 차지.

915년 부인 강씨와 두 아들 죽임.

918년 왕건에게 왕위를 빼앗기고 살해됨. 왕건, 고려 건국.

궁예

새 시대를 갈망한 이상주의자

승려에서 영웅군주로 변모하다

난세일수록 영웅이 출현하는 법. 최초의 통일왕조 신라가 쇠약해 후삼국시대의 난세가 도래하자, 한반도의 맹주를 자처하는 영웅군주들이 등장한다. 그중에서도 후백제 견훤과 자웅을 겨루다가 휘하의 왕건에게 죽임을 당한 궁예는 가장 드라마틱한 영웅군주의 모습을 보여준다.

궁예는 헌안왕(憲安王, ?~861, 재위 857~861) 혹은 경문왕(景文王, 846~875, 재위 861~875)의 아들이라 한다.(《삼국사기》 권50 궁예 열전) 신라 왕실 출신이었던 그는 궁중의 살해 음모를 피해 겨우 목숨을 건졌고, 성년이 되어 세달사(世達寺, 강원도 영월군) 승려가 되었다.

889년(진성여왕 3) 전국 군현에서 조세가 거두어지지 않아 신라 조정의 재정이 크게 어려워졌다. 게다가 경북 상주에서 원종(元宗)과 애노(哀奴)의 반란이 일어나는 등 전국에서 도적 떼가 들끓었다. 이같이 진성여

철원 궁예도성터 《동국여지승람》 철원도호부(권47)에는 "궁예의 도읍지는 철원의 북쪽 27리 풍천벌에 있다. 외성의 둘레는 1만 4,421척(4370m)이며 내성의 둘레는 1,905척(577m)인데, 절반이나 무너졌으며 궁터가 아직도 완연하게 남아 있다."고 기록되어 있다.

왕의 치세(887~897) 이후 신라가 지방에 대한 통제력을 사실상 상실하면서, 각지에서 지역의 맹주를 자처하는 세력들이 등장하기 시작했다. 또 다른 영웅인 신라의 변방 장수 견훤은 892년(진성여왕 6) 반란을 일으켜 수도 경주의 서남쪽을 공격했다. 한 달 만에 견훤에게 호응하는 무리가 5,000여 명이나 되었다. 그는 이해 무진주를 습격해 스스로 왕이라 했다.(《삼국사기》권50, 견훤 열전)

궁예도 이러한 시대적 흐름에 편승한다. 891년(진성여왕 5) 승려 신분을 벗어던지고, 죽주(竹州, 경기도 안성)의 기훤(箕萱)에 투탁해 그의 부하가 된다. 892년에는 기훤이 오만하고 예의가 없음에 불만을 품고 북원(北原, 강원도 원주)의 양길(梁吉)에게 투탁했다. 양길의 신임을 얻은 궁예는 군사를 이끌고 치악산 석남사(石南寺), 주천현(酒泉縣, 영월군 주천면), 나성현(奈城縣, 영월군 영월읍), 울오현(鬱烏縣, 평창군 평창읍), 어진현(御珍縣, 울진군 울진읍)을 공격해 모두 항복시켰다. 그리고 894년(진성여왕 8) 명주(溟州, 강릉)를 점령했는데, 이때 궁예는 3,500명의 군사를 거느렸다고 한다. 그는 부하들과 동고동락하고 일을 공정하게 처리해 인심을 얻었고 마침내 장군으로 추대되었다. 또한 저족(猪足, 인제군 인제읍), 생천(狌川, 화천군 화천읍), 부약(夫若, 철원군 김화읍), 금성(金城, 북한 금성현), 철원(鐵圓)의 여러 성을 공격해 빼앗아, 군대의 형세가 크게 성했다.

고구려 지역을 차지하다

궁예는 강릉을 점령해 장군으로 추대되면서 비로소 독자적인 세력을 형성할 수 있었다. 그러나 한 왕조를 건국하는 데에는 아직 부족한 점이 있었다. 그때까지 차지한 영토가 변방지대인 강원도 일대에 불과했기 때문이다. 확장이 가능한 지역은 신라와 후백제의 세력이 미치지 않는 중부 이북, 황해도와 평안도 일대의 옛 고구려 지역이었다. 명목상 신라 영토였지만, 쇠약해진 신라가 통제할 수 없었다. 패서(浿西) 지역으로 불렸던 이 지역은 과거 당나라의 침입을 막기 위해 통일신라 최강의 패강진 부대가 주둔한 곳이었다. 신라가 쇠약해지자 과거 패강진 부대의 군사적 전통을 지닌 옛 고구려 출신 호족 세력이 이곳을 점거하고 있었다.

궁예는 이 지역을 차지하는 일이 한반도를 장악하는 첩경이라고 생각하고 이곳에 공을 들였다. 895년(진성여왕 9) 패서 지역의 일부 호족 세력이 귀부하자, 궁예는 비로소 국가를 건설해 스스로 군주가 될 수 있다는 자신감을 얻었다. 특히 896년 송악(960년 '개경'으로 개칭) 출신 호족 왕건

가문의 귀부는 궁예가 염원하던 옛 고구려 지역이 통째로 자신의 영역이 되는 결정적인 계기가 되었다.

송악은 패서 지역을 장악하기 위한 요충지였다. 즉, 패서 지역 진출의 교두보이자 서남해 해상 진출의 길목이었다. 궁예는 이곳을 장악함으로써 해로를 통해 남부로 진출할 수 있었으며, 후백제 견훤과 자웅을 겨룰 수 있는 지리적인 이점을 확보하게 되었다. 더욱이 태조 왕건의 조상들은 일찍이 송악을 장악해 서남해 일대에서 교역을 통해 부를 축적한 유력한 바다상인(海商)이었다.

왕건의 아버지 왕융(王隆)은 궁예에게 귀부하면서 다음과 같이 그를 부추겼다.

> "대왕이 조선, 숙신, 변한 지역에서 왕 노릇을 하고자 한다면, 먼저 송악에 성을 쌓고 나의 맏아들을 그 성주로 삼는 것이 좋을 것입니다."
>
> —《고려사》〈고려세계(高麗世系)〉

조선은 옛 고조선 지역, 숙신은 말갈과 발해 주민 등이 거주한 만주와 한반도의 동북 지역, 변한은 한반도 남부의 삼한 지역을 가리킨다.[1] 왕융의 이 말에는 궁예보다는 아들 왕건이 장차 건국하게 될 새 왕조의 꿈과 이상이 담겨 있다. 이 말에 크게 고무된 궁예는 왕융을 철원과 가까운 금성(金城)의 태수로 삼고, 왕융의 말대로 왕건에게 송악의 발어참성(勃禦塹城)을 쌓게 한 후 20세의 왕건을 송악의 성주로 삼는다. 왕건 역시 대권을 향한 날갯짓을 할 수 있게 된 것이다.

궁예는 898년(효공왕 2) 태조 왕건을 시켜 양주(楊州, 서울)와 견주(見州, 양주)를 공격하게 했다.(《삼국사기》권50, 궁예 열전) 그래서 궁예의 거점인 철원에서 송악으로 통하는 길목을 안정적으로 확보하고 송악으로 수도를 옮겼다. 이 사실이 《삼국사기》에는 "(효공왕) 2년(898) 7월 궁예는 패서도와 한산주(漢山州) 관내 30여 성을 얻었다. 송악군을 수도로 정했다."(《삼국사기》 권12, 신라본기)라고 기록되어 있다. 이는 패서도 지역은 물론 지금의 서울 일대를 완전히 장악하게 되었음을 의미한다. 또한 송악 천도는 한반도 중부 이북의 옛 고구려 지역 출신 호족의 협조를 얻어 이 지역을 안정적으로 확보하기 위한 것이었다. 이러한 결과를 가져다준 것이 송악 호족 왕건 일가의 귀부였다.

궁예는 900년(효공왕 4) 왕건을 시켜 중부 이남 지역인 지금의 경기도 광주와 남양, 충청도 충주, 청주, 괴산을 공략해 영토를 확장한다. 이같이 한강 유역은 물론이고, 한강 이남의 중부 지역까지 장악함으로써 궁예는 인구나 영역 면에서 신라와 후백제의 우위에 설 수 있었다. 궁예는 마침내 901년 고려를 건국한다. 그의 건국 일성은 다음과 같다.

> "지난날 신라가 당나라에 군사를 청해서 고구려를 멸하여, 평양 옛 도읍이 무성한 잡초로 덮였다. 내 반드시 그 원수를 갚겠다."
>
> —《삼국사기》 권50, 궁예 열전

궁예는 옛 고구려의 영광을 회복하고 역사를 계승하기 위해 새 왕조 고려를 건국한다고 했다. 이로써 신라, 후백제와의 후삼국 통합전쟁의 서막이 열렸다.

옛 고구려의 영광을 회복하겠다는 건국 일성은 과연 궁예의 진심일까? 그렇지 않다. 그것은 옛 고구려 지역의 호족 세력을 끌어안기 위한 하나의 정치적 선언에 불과했다. 설령 처음에는 그럴 의도가 있었더라도 권력을 장악하고 그 맛에 취하자 궁예는 초심을 잃어갔다. 실제로 뒷날의 행적을 보면 궁예는 옛 고구려의 영광을 회복하고 계승하는 일에 적극적이지 않았다.

그러나 송악 호족 왕건 가문의 속셈은 궁예와 달랐다. 그들이 궁예에게 귀부한 것은 단순히 자신을 보전하기 위해서가 아니라 좀 더 큰 꿈을 이루기 위해서였다. 궁예에게 '조선, 숙신, 변한 지역을 아우르는 왕'이 되어달라고 부추긴 왕융의 말은 왕건 가문의 꿈과 야심을 드러낸 것이었다. 궁예 또한 옛 고구려 지역을 차지하기 위해 전략적으로 송악의 유력한 호족을 받아들였다. 철원과 송악의 두 맹주는 삼한 통합의 꿈을 간절히 바랐지만, 그것을 실현할 현실적인 역량이 둘 다 부족했기에 결합한 것이다. 그러나 왕건 가문의 귀부가 궁극적으로 자신의 목숨을 노리는 독화살임을 궁예는 깨닫지 못했다.

태조 왕건의 집안은 선대부터 장차 삼한을 통치할 후손이 나타날 것이라고 믿고 있었다. 그와 관련된 사실이 설화의 형태로 《고려사》에 전한다. 왕건의 5대조 강충(康忠)은, '만약 부소군을 부소산(송악산) 남쪽으로 옮기고 소나무를 심어 바위가 드러나지 않도록 하면 삼한을 통일할 인물(統合三韓者)이 태어날 것'이라는 신라 출신의 풍수가 팔원(八元)의 충고에 따라, 부소산에 소나무를 심고 군 이름을 송악으로 고쳤다. 왕융 역시 삼한을 석권하려는 야망을 가졌다(幷呑三韓之志)고 기록되어 있다. 도선(道詵)은 876년 송악에 와서 왕융의 집터를 보고, 삼한을 통합할 군주(왕건)의 탄생을 예언했다고 한다.《고려사》〈고려세계〉)

국호에 담긴 궁예의 정치이념

궁예는 901년 고려를 건국한 후 918년 왕건에게 쫓겨날 때까지 국호를 고려에서 마진으로(904), 마진에서 태봉으로(911) 두 번 더 바꾸었다. 18년 만에 멸망한 나라가 국호를 두 번이나 바꾼 것은 이례적이지만, 국호를 통해 궁예의 정치철학과 이념을 읽을 수 있다.

첫 번째 국호 '고려'는 901년 궁예가 처음 국가를 세우고 왕으로 즉위한 직후 붙인 것이다. 고려는 고구려와 같은 뜻으로, 6세기 무렵 이미 중국에서는 고구려를 고려라 불렀다. 고구려의 역사와 영토를 계승하겠다는 궁예의 취임 일성이 '고려'라는 국호로 나타난 것이다.

건국 이전 그가 점령한 지역은 강원도 일대에 불과했다. 영토 크기가 국가를 건설하기에는 턱없이 부족했다. 궁예가 새로운 국가를 건설하기 위해서는 후백제와 신라가 점령하지 못한 옛 고구려 지역을 확보하고 그곳 출신 호족 세력의 협조를 이끌어내야 했다. 그 중심 세력의 하나인 개성 호족 왕건 가문의 귀부는 새로운 국가 건설의 원동력이 되었다. 궁예는 옛 고구려 지역을 기반으로 새 왕조를 건국할 수 있었다. 그 때문에 이곳 세력의 호응을 얻기 위해 국호를 '고려'라고 정했던 것이다.

그러나 앞에서도 언급했듯이 '고려'라는 국호에는 궁예에게 귀부한 왕건을 비롯한 옛 고구려 지역 출신 호족의 희망이 담겨 있을 뿐, 궁예의 진심은 그렇지 않았다. 불과 3년 만에 바뀐 국호에 그의 진심이 반영되어 있다.

두 번째 국호는 '마진(摩震)'이다. 마진은 산스크리트어 '마하진단(摩訶震旦)'의 약칭이다. 마하는 '크다', 진단은 '동방'이란 뜻으로, 마진은 '대동방국'을 뜻한다.[2] 궁예는 904년 국호를 마진으로 바꾸고 이듬해 도읍

철원 궁예도성터의 석등 화강암으로 만들어진 이 석등의 높이는 2.8m에 달한다. 1940년 7월 30일 국보 제118호로 지정되었으며, 위 사진 또한 일제강점기 때 촬영된 것으로 추정된다.

을 송악에서 철원으로 옮겼으며, 새 수도에 청주의 1,000호를 이주시킨다. 공주의 호족 홍기(弘奇)도 이때 궁예에게 의탁한다.

그 1년 전인 903년 궁예는 왕건을 통해 후백제의 근거지 나주를 점령해 영토가 한반도의 절반에 이르렀다. 청주, 공주, 나주는 옛 백제의 전통이 남아 있는 친후백제 성향의 도시였다. 궁예 지지 세력이 그만큼 확장된 것이다. 특히 905년 패서 지역에 13개의 진을 설치했는데, 이는 이곳 호족들의 협조를 받지 않고 궁예가 직접 다스리겠다는 뜻이었다. 그러자 왕건을 비롯한 옛 고구려 출신 호족의 영향력은 약화될 수밖에 없었다. 이어서 궁예는 상주 지역 등 신라 영역의 30여 개 군현을 점령했는데, 이때가 그의 재위기간 중 최고 전성기였다. 또한 중국식 성(省)·부

(部) 제도를 도입해 광평성(廣評省)을 설치하는 등 관청과 관직제도를 새롭게 정비했다.

신라와 후백제 영역까지 영토를 확보한 궁예는 옛 고구려 출신 호족 세력만이 아니라, 후백제를 지지한 충주, 청주, 나주 세력 등을 새로 끌어안아 더욱 강력한 통일 국가를 건설하겠다는 정치적 의지를 드러냈다. 궁예는 고구려라는 특정 국가를 계승하는 통일정책을 버리고, 고구려·신라·백제를 아우르는 '대동방국' 건설을 새로운 목표로 설정했던 것이다. 국호 마진 속에는 그런 상징성이 담겨 있다.

후삼국 통합전쟁에서 승리하기 위해서는 다양한 호족 세력의 협조가 필요했다. 더욱이 그가 바랐던 강력한 왕권을 바탕으로 한 전제주의 정치는 현실적으로 호족 세력의 협조를 얻어야 가능했다. 그러나 이 무렵 궁예는 이를 무시했고, 태조 왕건을 비롯한 옛 고구려 출신 호족 세력의 반발을 불러일으킨다. 궁예의 실패와 비극은 여기에서 싹트기 시작했다.

궁예의 정치이념을 보여주는 또 하나의 사례는 세 번째 국호 '태봉(泰封)'에서 찾을 수 있다. 911년에 바꾼 국호 태봉의 '태(泰)'는, 《주역》에 따르면, "하늘(天)과 땅(地)이 서로 어울려 만물을 낳고, 윗사람(上)과 아랫사람(下)이 서로 어울려 마음과 뜻을 같이한다(天地交而萬物生, 上下交而其志同)."는 뜻이다. '봉(封)'은 봉토, 즉 영토다.³ 즉 '태봉'은 서로 뜻을 같이해 화합하는 세상이라는 뜻이다. 하늘과 인간이 화합하는 이상적인 나라를 만들겠다는 의지가 '태봉'이라는 국호에 담겨 있다. 옛 고구려, 신라, 백제를 아우르는 '삼한일통(三韓一統)' 의식을 넘어서는 이상 국가를 건설하고자 했던 궁예의 철학을 엿볼 수 있다. 이제 궁예는 냉철한 현실주의자가 아니라, 유토피아를 꿈꾸는 이상주의자의 모습을 보여주고 있다. 왜 그렇게 되었을까?

독선과 폭정, 민중의 염원을 외면하다

궁예는 왕실에서 쫓겨난 이후 하층민으로서 세파를 겪으며 성장했다. 난세의 하층민은 천지개벽의 혁명적 변화를 갈구한다. 현세를 말세로 인식하고 새로운 세계의 도래를 갈구하는 의식 속에서 그러한 변혁을 꿈꾸게 된다. 궁예의 근거지였던 철원에 도피안사(到彼岸寺)라는 사찰이 있다. 이곳에 금박을 입힌 철조비로자나불(865년 제작)이 있는데, 불상 뒷면에 이런 글이 새겨져 있다.

향도불 명문과 서〔香徒佛銘文幷序〕

석가불이 …… 돌아가신 지 1806년이 되었다. 이를 슬퍼하여 이 금상(金像)을 만들고자 …… 인하여 서원(誓願)을 세웠다. 오직 바라건대 비천한 사람들이 마침내 창과 방망이를 스스로 쳐 긴 어둠에서 깨쳐날 것이며 게으르고 추한 뜻을 바꾸어 진리의 근원에 부합하고자 한다. ……

당나라 함통(咸通) 6년(865) 을유년 정월 신라국 한주(漢州) 북쪽 지방 철원군 도피안사에서 불상을 이룰 때에 …… 이때 ○멱거사(○覓居士)가 1,500여 명과 인연을 맺으니 금석(金石)과 같은 굳은 마음으로 부지런히 힘써 힘 드는 줄을 몰랐다.

— 〈도피안사 비로자나불 조상기(造像記)〉

석가불이 입적한 후 1,000여 년이 지나면 말세가 된다는 사실을 슬퍼하여 말세를 구제할 미륵불의 도래를 염원한 내용이 담겨 있다. 궁예가 역사의 무대에 등장하기 약 1세대 전에 새겨진 글이다. 궁예가 이곳 철원을 도읍지로 삼을 수 있었던 것은 새로운 세상을 갈구한 이 지역 하층

철원 도피안사 철조비로자나불좌상과 명문 865년에 제작된 불상으로, 뒷면에 미륵불의 도래를 염원하는 내용의 명문이 새겨져 있다.

민의 열렬한 지지가 있었기 때문이다. 이후 궁예가 미륵불로 자처한 것은 우연이 아닐 것이다.

궁예는 미륵불을 자칭하고, 머리에는 금관을 쓰고 몸에는 가사를 걸쳤다. 큰아들을 청광보살, 막내아들을 신광보살로 삼았다. 외출할 때는 항상 흰 말을 탔는데, 말갈기와 꼬리를 고운 비단으로 장식했다. 어린 소년과 소녀에게 깃발, 일산, 향, 꽃을 들려 앞에서 인도하게 했다. 승려 200여 명이 범패를 부르며 뒤를 따르게 했다. 경전 20여 권을 스스로 지었는데, 그 말이 요망스럽고 불경스러웠다. 가끔 똑바로 앉아 불경을 강론했는데, 석총(釋聰)이라는 승려가 헛되고 괴상한 말로는 가르칠 수 없다고 비판하자, 궁예는 노하여 그를 철퇴로 때려죽였다.

—《삼국사기》권50, 궁예 열전

하층민의 염원을 알고 있던 궁예는 미륵불을 자처하면서, 미륵의 이상향 용화세계를 태봉이라는 국호에 담았던 것이다. 하지만 그것은 현실이 아닌 이상에 불과했다. 고구려 계승의식을 지지한 왕건을 비롯한 현실주의자, 즉 옛 고구려 지역 출신 호족들의 반격으로 궁예는 왕위에서 쫓겨나 비운의 주인공이 되었다. 918년 6월 궁예를 제거하고 왕위에 오른 왕건은 곧바로 즉위조서를 반포하는데, 첫머리에 궁예의 잘못을 밝혀 놓았다.

전왕(前王, 궁예)은 사방이 무너질 때 도적을 없애고 점차 영토를 확대해 나갔다. 그러나 나라를 통합하기도 전에 폭정과 간사함, 협박으로 세금을 무겁게 하여 백성은 줄어들고 국토는 황폐해졌다. 그런데도 도를 넘는 궁궐 공사로 원망과 비난이 일어났다. 부인과 자식을 죽여 천지가 용서하지 않았고, 귀신과 사람의 원망을 함께 받아 왕조가 무너졌으니, 경계할 일이다.

—《고려사》권1, 태조 1년 6월

왕건은 궁예가 삼한 통합의 대의를 저버리고 폭정을 해서 그를 몰아내고 새 왕조를 건국한다고 선언했다. 왕건을 찾아가 쿠데타를 권유한 그의 심복 홍유, 배현경, 신숭겸, 복지겸도 왕건과 같은 생각을 했다.

삼한이 분열된 이후 도둑 떼가 다투어 일어나자 지금 왕(궁예)이 그들을 무찌르고 셋으로 나누어진 한반도[요좌(遼左)]의 거의 절반을 차지해 나라를 세웠습니다. 그런데 2기(二紀, 24년)가 넘었으나 통일을 못한 채, 처자식을 죽이고 신하를 죽이는 잔학한 짓을 저질러 백성들이 도탄에 빠졌습니다.

—《고려사》권92, 홍유 열전

홍유, 배현경 등은 궁예가 집권한 지 24년이 지나도록 국토의 절반을 차지하고도 후삼국 통일을 이루지 못했다고 지적했다. 삼한을 통합해 옛 고구려를 계승하겠다는 건국이념을 궁예가 실천하지 않았다는 것이 쿠데타의 명분이었다.

이상국가를 건설하려는 이상주의자 궁예의 꿈은 고구려 계승을 주장한 현실주의 연합 세력에 의해 산산조각이 났다. '통일을 완성하지 못한 채 폭정을 일삼고 인륜을 저버렸다'는 평가는 현실주의자들의 매서운 반격을 담은 선고였다. 궁예가 옛 고구려 영광을 회복하고 삼한 통합이라는 초심을 상실한 것이 쿠데타의 명분이 되었던 것이다. 말년의 궁예는 이처럼 현실 정치에서의 역동성을 상실하고 있었다.

그러나 궁예는 국가의 이상과 비전이 없이는 민심을 결집하고 새로운 시대를 개척할 수 없다는 교훈을 남겼다.

877년 송악군에서 출생.

896년(20세) 왕융·왕건 부자, 궁예에 귀순. 왕건, 송악 성주에 임명됨.

898년(22세) 궁예의 명령으로 양주와 견주 공격.

912년(36세) 영암 덕진포 전투에서 견훤군 대파. 나주 해전 승리.

918년(태조 1, 42세) 궁예를 내쫓고 고려 건국.

919년(태조 2, 43세) 송악으로 천도.

925년(태조 8, 49세) 견훤과 화의, 인질 교환.

927년(태조 10, 51세) 견훤, 신라 경애왕 살해. 팔공산 전투에서 견훤에 패배.

930년(태조 13, 54세) 고창 전투에서 견훤군 대파.

934년(태조 17, 58세) 운주(홍성) 전투에서 승리, 공주 이북 30여 성 고려에 항복.

935년(태조 18, 59세) 후백제 신검, 견훤을 금산사에 유폐(3월). 견훤, 고려에 귀순(6월), 신라 경순왕 귀순(11월).

936년(태조 19, 60세) 후백제 신검군 격파, 후삼국 통일.

943년(태조 26, 67세) 〈훈요십조〉 작성. 사망.

왕건

민심을 읽고 천하를 통일한 영웅

후삼국시대는 지배와 정복의 시대였나?

통일왕조 당나라가 907년에 무너지면서 중국 대륙은 지속 기간이 길어야 50~70년에 불과한 15개의 단명 왕조가 번갈아 들어선다. 이 혼란의 시대는 960년 건국한 송나라가 979년 중국을 통일할 때까지 지속되었다. 이 무렵 한반도의 사정도 중국 대륙과 크게 다르지 않았다.

신라 진성여왕 때에는 왕조에 반기를 든 지방 세력의 대두와 농민 반란으로 조세를 거둘 수 없는 지경이었다. 신라 변방의 장수 견훤과 신라 왕실 출신 궁예가 마침내 각각 후백제(900)와 고려(901)를 건국하면서 후삼국 분열시대가 전개된다. 이후 한반도에서는 고려가 후삼국을 통합할 때까지 약 50년간 참혹한 전쟁이 지속된다. 태조 왕건(王建, 877~943, 재위 918~943)은 당시 전쟁의 참상을 다음과 같이 기록했다.

태조 왕건상 1992년 10월, 북한 개성에 위치한 현릉(태조 왕건의 능)을 정비하는 과정에서 발굴되었다. 나체상의 모습이나, 옷을 입힐 수 있도록 제작되었다.

"근래 삼한에 액운이 닥치고 온 나라에 흉년이 들어, 백성들은 반란군에 붙고 전답은 텅 비어 황폐해지지 않은 곳이 없게 되었다."

—《고려사》권1, 태조 11년(928) 1월 왕건이 견훤에게 보낸 편지

"남자들은 모두 전쟁터에 나가고 부녀자들까지 부역에 동원되자, 고통을 참지 못해 산 속으로 숨거나 관청에 호소하는 자들이 셀 수 없을 정도이다. 왕의 친족이나 권세가들이 방자하고 횡포하여 약한 자를 억눌러 나의 백성을 괴롭게 함이 없다 할 수 없으나, 내 한 몸으로 어찌 능히

집집마다 가서 살펴볼 수 있겠는가. 백성들은 호소할 방도가 없으니 저

하늘에 울부짖는 것이다."

—《고려사》권2, 태조 17년(934) 5월 태조 왕건의 조서

《고려사》에는 위와 같이 당시 전쟁의 참상을 알려주는 기록이 많이 수
록되어 있다.

그러나 다른 한편으로는 왕건, 견훤 등 영웅군주들의 지략과 힘(군사
력)이 강조되고, 그것에 의한 지배와 정복이 당시를 지배한 도덕률이자
정의인 것처럼 서술되었는데, 이러한 측면을 강조한 경우가 없지 않았
다. 물론 후삼국 통합에 이르기까지 한반도는 거대한 전쟁터였고 이들
영웅군주가 전쟁의 주역이다 보니, 그렇게 서술한 것이 아주 틀린 것은
아니다.

군사력이 전쟁의 승패를 갈랐을까?

여기에서는 시선을 다른 곳으로 돌려보자. 당시 통합전쟁의 향방을 결
정짓는 열쇠는 실제로 어느 나라가 쥐고 있었을까? 기록의 빈도만으로
따지면, 견훤의 후백제와 왕건의 고려처럼 보인다. 그러나 군사적으로
쇠약해 전쟁을 치를 능력조차 없어 보이는 신라가 의외로 그 열쇠를 쥐
고 있었다. 그 이유는 무엇일까?

조선 후기 역사가 안정복은 스승 이익에게 다음과 같은 편지를 보낸다.

고려 태조의 등극에 대해 역사책에서는 '태봉(泰封)'의 여러 장수가 왕건

을 세워 왕으로 삼았다'고 합니다. 저는 이에 대해 의문이 듭니다. 이때 신라의 정통 임금이 아직 존재하고 있었습니다. 그런데 궁예가 반란을 일으켰고 왕건도 한 무리였습니다. 그러니 왕건 또한 여러 도적과 같은 무리에 불과합니다.

—《순암집》권10, 동사문답

안정복은 왕건, 궁예, 견훤 등 당시 영웅군주들은 모두 신라 왕실에 반기를 든 도적 세력이라며, 후삼국을 통합한 936년(고려 태조 19) 이후에야 태조 왕건을 정통군주로 인정했다.

이런 생각에는 존왕주의(尊王主義) 정치이념이 자리하고 있다. 정통성 있는 군주를 받들고 따라야 한다는 존왕주의는 인의(仁義, 사랑과 올바름)를 갖고 천하와 백성을 다스리는 왕도정치(王道政治)에 뿌리를 내리고 있다. 그 반대편에 권세와 무력으로 천하를 통일하여 백성을 다스리는 패도정치(覇道政治)가 있다.

안정복은 지배와 정복의 후삼국 전란기를 패도정치의 시대로 규정하고 인의에 바탕을 두는 존왕주의의 왕도정치를 정통으로 보았다. 실제로 당시 견훤과 왕건도 그렇게 생각했다. 그들은 힘과 지략만으로 통합전쟁의 승자가 될 수 없다는 사실을 알고 있었다. 즉, 승패의 결정에는 통합 후 어떤 국가를 지향할 것인가 하는 정치이념이 더 중요하다고 생각했다. 그것을 알려주는 사실이 견훤과 왕건 사이에 오간 편지에 담겨 있다. 먼저, 편지가 오간 배경을 살펴보자.

견훤은 927년(태조 10) 9월 지금의 경북 문경시 지역의 근품성(近品城)을 공격하고, 경주와 가까운 거리에 있는 지금의 영천 지역인 고울부(高鬱府)까지 진출하여 신라를 압박하는 등 무력시위를 벌인다. 다급해진

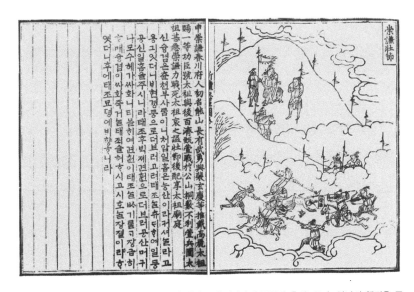

《동국신속삼강행실도》(1617)의 신숭겸 장절도 우리나라와 중국의 충신, 효자, 열녀의 행적을 글
과 그림으로 기록한 《동국신속삼강행실도》는 《삼강행실도》(1434)와 《속삼강행실도》(1514)의 속편
이다.

신라는 고려 왕건에게 도움을 청한다. 그러나 왕건이 거느린 군사가 도
착하기도 전에 견훤은 경주를 점령하여 왕비를 겁탈하고 왕(경애왕)을 죽
여 경순왕(敬順王, ? ~ 978, 재위 927~935)으로 교체하는 충격적인 조치를
취한다.

이 소식을 접한 왕건은 신라를 구하기 위해 군사 5,000명을 이끌고 내
려가다가 지금의 대구 팔공산인 공산동수(公山桐藪) 전투에서 자신의 오
른팔과 같은 장수 신숭겸을 잃고 군사도 거의 전멸하다시피 한다. 혼자
서 겨우 탈출했을 정도로 이 전투는 백전노장 왕건에게 자신의 전 생애
를 통틀어 가장 치욕적인 사건이었다. 반면 이 전투에서 승리한 견훤은
후삼국 전쟁의 최종 승자가 될 수 있다는 자신감으로 충만해 있었을 것

이 분명하다.

 팔공산 전투 승리에 한껏 고무된 견훤은 같은 해 12월 왕건에게 편지를 보낸다.

 지난날 신라 국상 김웅렴(金雄廉) 등이 당신을 신라 수도로 불러들이려 했는데, 이것은 마치 자라가 큰 자라의 소리에 응하며, 종달새가 매의 날개를 부축하려는 것과 같아서 반드시 백성들을 도탄에 빠뜨리고 국토를 폐허로 만드는 일이다. 그래서 내가 선수를 써 군사를 동원하여 신라를 정벌했다. …… 당신의 군대는 내 말의 머리를 보거나 소의 털을 뽑기도 전에 성산진(星山陣) 아래서 속수무책으로 패배했고, 좌상 김락(金樂)은 미리사(美利寺) 앞에서 해골을 드러냈다. 우리가 죽이고 노획한 것도 많았으며 추격하여 사로잡은 자도 적지 않았다. 강약이 이와 같으니 승패는 분명해졌다.

 ─《고려사》 권1, 태조 10년 12월

 승리에 한껏 도취된 견훤의 속마음이 잘 드러난 구절이다. 견훤은 편지에서 자신의 지략과 무력이 왕건을 압도한다며 자신감을 피력했다. 전쟁의 승패는 무력의 강약으로 결정된다는 것으로, 패도(覇道)를 중시하는 입장이다.

 그러자 왕건이 견훤에게 답신을 보낸다.

 나는 위로는 하늘의 명령을 받들고 밑으로는 여러 사람의 추대에 못 이겨 왕위에 올랐다. …… 그런데 맹세의 피가 마르기도 전에 흉포한 행위가 다시 시작되어 벌과 뱀의 독과 같은 해로운 독이 백성들에게 미치고 이리와 승냥이 같은 행패로 인해 금성(金城, 신라의 수도, 경주)은 곤경에 빠지고 신라 대왕은 크게 놀랐다. 이러한 때 정의에 입각하여 신라 왕실을 높이는 일에 과연 누가 제나라 환공(齊桓公)과 진나라 문공(晋文公)의 패업을 이루겠는가? 기회를 틈타 신라를 뒤엎으려는 당신의 간계는 왕망(王莽)과 동탁(董卓)의 행동을 본받았다. 지극히 높은 신라왕에게 치욕스럽게도 당신의 아들이라 칭하게까지 했다. 높고 낮은 것은 차례를 잃었고 위와 아래의 모든 사람이 근심에 휩싸였다. …… 나의 마음은 미운 것을 참고 용서하지 않으며, 나의 뜻은 존왕(尊王)의 대의에 간절하다. 그 때문에 조정(신라)을 구하고 국가의 위기를 바로잡으려 했다. 그런데 당신은 털끝만 한 작은 이해에 눈이 어두워 천지와 같은 두터운 은혜를 잊고 신라왕을 죽이고 궁궐을 불태웠으며, 재상과 관리들을 모조리 살육하고 백성들을 죽였다. 또 궁녀들을 탈취해 수레에 태워 갔으며 진귀한 보물들은 약탈하여 짐짝으로 실어 갔다. 당신의 죄악은 걸(桀)과 주(紂)보다 더하며 잔인하기는 맹수보다 심하다.

—《고려사》권1, 태조 11년 1월

왕건은 자신의 행위를 중국 춘추전국시대 때 제나라 환공과 진나라 문공이 패업(霸業)으로 주나라 왕실을 높였던 것에 빗댄 반면, 견훤을 전한과 후한의 왕실을 각각 무너뜨리려 한 왕망, 동탁과 같은 존재라 했다. 또한 신라 국왕을 살해한 견훤의 행위는 존왕의 대의를 무너뜨린 것이며, 하나라와 은나라를 각각 패망으로 이끈 걸왕과 주왕보다 더 잔악하다고 비난했다.

견훤도 거역할 수 없었던 존왕주의

그러나 군사력에 의존하여 패도정치를 추구한 견훤도 겉으로는 왕건과 같은 생각을 드러냈다.

그때 나는 백관들에게는 6부(신라를 뜻함)에 정의로운 풍습을 지킬 것을 맹세하도록 가르쳐주었다. 그러나 뜻밖에도 간신들이 도망을 치고 신라 임금(경애왕)은 자결하는 사변이 일어났다. 결국 나는 경명왕(景明王, ?~924, 재위 917~924)의 외종제요, 헌강왕(憲康王, ?~886, 재위 875~886)의 외손인 자(경순왕)를 받들어 왕위에 오르게 했다. 위태로운 나라를 다시 붙들고 없어진 임금을 다시 세운 공로가 여기에 있다. …… 나는 원래 의리에 충실하여 신라를 존중하며 큰 나라를 섬기는 마음이 깊다.

—《고려사》권1, 태조 10년 12월

경애왕이 자결해 경순왕을 세웠다는 것은 변명에 불과하다. 신라 수도를 점령해 국왕을 살해했지만, 끝내 신라를 정복하지 못한 것은 크게 악화된 민심 때문이다. 결국 견훤은 신라를 정통왕조라 하고 경순왕을 다시 세울 수밖에 없었다. 정통왕조라는 신라의 상징성, 즉 존왕주의라는 당시의 대의를 견훤도 쉽게 깨뜨릴 수 없었던 것이다.

다음은 왕건이 견훤에게 보낸 편지의 다른 구절이다.

신라 왕실이 무너진 데 나의 지극한 원한이 맺혔고 깊은 성의는 백성의 원수를 물리치는 데 간절하다. 그래서 역적을 처단하는 데 힘을 다함으로써 미미한 충성을 표하기로 결심하고 다시 무기를 든 지 두 해나

흘렀다.

—《고려사》권1, 태조 11년 1월

왕건은 위 편지에서 신라를 정통으로 여기는 존왕주의 입장을 더 분명하게 드러냈다. 두 사람의 편지에 함께 나타난 존왕주의 이념은 후삼국 통합전쟁이 어떤 양상으로 전개되고 있었는지를 보여주는 대표적인 사례이다.

그동안 연구자들 대부분은 후삼국 통합전쟁을 견훤과 왕건 등 영웅군주들의 지략과 군사력을 바탕으로 한 패권 다툼으로 이해했다. 그러나 지금까지 살펴보았듯이 전쟁의 승패를 좌우한 요소들 중 하나는 존왕주의 정치이념이었다. 당시 민심은 신라를 정통으로 여기는 존왕주의를 지지하고 있었다. 정통왕조라는 정치적 상징성을 가진 신라가 군사력이 가장 열악했음에도 불구하고 당시 전쟁의 승패를 결정짓는 열쇠를 쥐고 있었다는 사실은 매우 역설적이다.

민심으로 후삼국을 통일하다

인의를 강조하는 왕도정치와 존왕주의가 참혹한 전쟁의 시기를 견제하고 제어하는 역할을 한 점은 매우 주목할 만하다. 유교이념에 바탕을 둔 왕도정치는 지략과 힘이 판을 치는 지배와 정복의 시기와는 전혀 어울리지 않아 보이는 것도 사실이다. 그럼에도 불구하고 전쟁의 와중에 이러한 이념이 정당성을 갖고 새로운 질서를 만드는 역할을 했던 것이다.

왕건을 추대한 혁명파조차 궁예를 축출한 명분으로 궁예가 존왕주의에 입각한 왕도정치를 부정한 사실을 들었다.

> (궁예는 삼한 통합의) 끝마무리를 잘하지 못하고 잔학한 짓을 함부로 하며, 과한 형벌을 마음대로 내려 아내와 자식을 죽이고 신료들마저 죽였으며, 백성을 도탄에 빠뜨려 그를 원수와 같이 미워했습니다. 걸과 주의 악함도 이보다 더할 수는 없습니다. 어둠을 폐하고 밝음을 세우는 것은 천하의 대의이니 바라건대 공께서는 은주(殷周)의 일을 행하소서.
>
> —《고려사》권92, 홍유 열전

왕건을 국왕으로 추대한 홍유도 궁예를 축출한 명분의 하나로 궁예가 걸왕과 주왕 같은 포악한 정치를 행한 것에서 찾았다. 또한 궁예를 축출한 왕건을 걸과 주를 축출한 은주(殷周), 즉 은의 탕왕과 주의 무왕에 비유했다. 견훤에게 보낸 편지에서 왕건이 견훤을 걸과 주에 비유한 사실을 연상시킨다. 왕건을 지지한 세력들도 이같이 존왕주의 정치이념을 공유하고 있었던 것이다.

군사력이 전쟁의 승패를 좌우하는 현실 속에서도 신라를 정통왕조로 인정하는 존왕주의와 왕도정치를 강조한 이유는 무엇일까? 전쟁의 와중에도 신라를 정통으로 여기는 바닥의 민심을 얻어야 최후의 승자가 된다는 사실을 꿰뚫어 보고 있었던 것이다. 그러나 존왕주의 이념이 후삼국의 치열한 통합전쟁에서 방향타 역할을 한 사실은 그동안 주목받지 못했다. 이에 대한 연구는 앞으로 정치사상사의 차원에서 매우 중요하고 흥미로운 과제가 될 것이다.

왕건은 이러한 흐름을 이미 읽고 있었다. 그는 민심이 전쟁의 승패를

충남 논산 개태사의 삼존석불 개태사는 936년 왕건이 후삼국 통합을 기념해 세운 사찰이다. 삼존석불은 사찰 건립 4년 뒤인 940년 완공되었다.

좌우할 것으로 생각했던 것이다. 민심의 진원지는 신라의 군민(君民)이었다. 이들의 지지를 얻기 위해 왕건은 신라를 정통으로 내세우는 존왕주의와 왕도정치를 강조했던 것이다. 견훤도 앞의 편지에서, '나는 원래 신라를 존중하고 의리에 충실하고, 신라에 대해 우정과 의리가 깊다'고 했다. 패도정치를 펼쳤지만, 견훤 역시 민심을 의식하고 있었다. 신라왕을 폐위하고도 끝내 신라국을 전복하지 않은 것은 민심의 역풍을 두려워했기 때문이다.

맹자는 천시(天時)는 지리(地利)만 못하고, 지리는 인화(人和)만 못하다고 하면서 다음과 같이 부연했다. 가장 좋은 때를 택하더라도 강한 무기와 곡식을 비축한 높은 성을 공격해 함락시키지 못하는 것은 천시가 지리보다 못한 때문이다. 그럼에도 불구하고 그렇게 견고한 성을 버리고 도망치는 것은 지리가 인화보다 못한 증거라고 했다.(《맹자》공손추하) 인화가 전쟁에서 승패의 요처가 된다는 말이다.

그러나 견훤에게 존왕주의는 임시방편에 불과했다. 견훤은 935년 왕건에게 귀부하기 직전, "내가 후백제를 세운 지 여러 해가 되었다. 나의 군사(北軍)는 고려군보다 갑절이나 많은데도 이기지 못하니, 아마 하늘이 고려를 돕는 것 같다."(《삼국사기》권2, 견훤 열전)라고 했다. 몰락 직전까지도 견훤은 지략과 힘이 민심보다 더 중요하다고 믿었던 것이다.

왕건은 견훤과 달리 인의를 중시하는 왕도정치의 원칙에 충실했기 때문에 최후의 승자가 될 수 있었다. 전쟁 중에도 실제로 그는 민생 안정을 통한 민심 얻기에 주력했다. 성호 이익은 후삼국 통합의 원동력을 왕건의 민생정책에서 찾았다.

고려의 왕씨(왕건)가 즉위한 지 34일 만에 한탄하여 말하기를, "근세에 세금 거두는 것이 폭등해 일결의 조세가 6석이나 되어 백성이 살 수가 없다. 이제는 십일(什一)의 제도를 써서 전지 1부(負)에 조세 3승을 내게 하라." 하여 백성에게 3년에 해당하는 조세를 면제해주었다. 이때에 전쟁하는 일이 급해 재정이 절대 필요했는데도 그는 백성 구제를 으뜸으로 삼았다. 이 때문에 그는 삼한을 통합할 수 있었다."

—《성호사설》권25, 박부경형(薄賦輕刑)

참고로 십일 세제의 취지는 1부에 3승(되), 1결(100부)에 2석(1석 15두)을 거두는 것이다. 그런데 통일신라 말기였던 당시에는 그보다 세 배를 더 거두었다. 성호는 태조 왕건의 후삼국 통합은 이러한 폭정을 시정해 민심을 얻었기 때문에 가능했다고 보았다. 실로 오랜만에 역사가의 혜안을 만나게 된다. 태조 왕건은 당장 전쟁에 필요한 칼과 무기보다는 백성에 대한 어진 정치[仁政]를 베풀어 민심을 얻는 긴 호흡의 왕도정치를 내세움으로써 천하를 통일할 수 있었다. 역사의 교훈은 이렇게 통렬하다.

* (출생 연도 미상)

1231년(고종 18) 몽골 1차 침입. 정주에서 몽골군에 패퇴. 구주성에 합류하여 박서와 몽골군 격퇴.

1232년(고종 19) 고려 조정의 강화 천도. 몽골 2차 침입.

1233년(고종 20) 대장군·지어사대사에 임명

1234년(고종 21) 금속 활자로 《상정고금예문》 간행. 금나라, 몽골에 멸망.

1235년(고종 22) 몽골 3차 침입.

1236년(고종 23) 팔만대장경 판각 착수.

1237년(고종 24) 전라도 지휘사에 임명. 나주에서 이연년의 반란 진압.

1238년(고종 25) 몽골군, 황룡사 9층탑 불태움.

1247년(고종 34) 몽골 4차 침입.

1249년(고종 36) 최이 사망, 최항 집권. 백령도로 유배.

1251년(고종 38) 최항에 의해 바다에 빠져 죽음.

김경손

고려판 노블레스 오블리주

대몽항쟁의 영웅들

고려는 몽골의 침략에 맞서 약 30년간(1231~1258) 전투를 치른다. 전쟁을 직접 체험한 이규보(李奎報, 1168~1241)는 몽골에 대한 적대감을 강하게 드러내는 글을 남겼다.

> 심하도다. 달단(韃靼, 몽골)이 환란을 일으킴이여! 그 잔인하고 흉포한 성품은 이미 말로 다할 수 없고, 심지어 어리석고 엉큼함은 금수보다 심하다.
> —《동국이상국집》권25,〈대장각판군신기고문(大藏刻板君臣祈告文)(1237)〉

그러나《고려사》등에는 위와 같이 몽골에 대한 적대의식을 고취하는 글은 물론이고, 대몽항쟁기의 전투와 전투에 참여한 사람들에 관한 자료도 많지 않다. 왜 그럴까? 뒷날 몽골의 지배와 간섭을 받으면서 당시 몽골에 적대적인 기록들이 수정되었기 때문이다. 여기에는 원의 제후국으로 전락한 고려는 천자-제후 관계에 입각해 두 나라 관계의 역사를 새롭게 인식하고 서술하려는 이른바 '당대사' 연구가 14세기 이후 성행했던 배경이 깔려 있다. 이러한 흐름을 주도한 이제현 같은 역사가들의 역사서술이 조선 초기《고려사》편찬 과정에 반영되었다. 자연히 대몽항쟁 관련 기록은 많이 누락될 수밖에 없었다.

그럼에도 불구하고 대몽항쟁기에 고려인의 기개를 떨친 인물에 관한 기록이 없지는 않다. 최춘명(崔椿命, ?~1250), 박서(朴犀), 김경손(金慶孫, ?~1251)에 관한 기록이 그러한데, 이들은 당시 몽골 침입에 맞서 끝까지 싸운 영웅들이다.

> 최이(崔怡)는 내시 이백전(李白全)을 서경에 보내 최춘명의 목을 베게 했다. 최춘명은 두려워하는 기색이 전혀 없었다. 이를 본 몽골 관료가 "이 사람은 누구요?" 하고 묻자 이백전은 "자주(慈州, 평남 순천군 자산면) 성 성주입니다."라고 말했다. 그러자 몽골 관료가 "이분은 몽골에는 역적이지만 고려의 충신입니다. 나라면 그를 죽이지 않을 것이오. 고려와 우리가 이미 화평조약을 맺었는데, 성을 지켜낸 충신을 죽여서야 되겠소?"라고 말하면서, 그를 풀어줄 것을 요청했다.
>
> —《고려사》권103, 최춘명 열전

1231년 몽골의 1차 침략 때 최춘명이 자주성을 고수하자, 몽골은 점령을 포기하고 개경으로 쳐들어가 고려의 항복을 받아낸다. 고려 정부는 관리를 보내 성문을 열고 항복하라고 권유했지만 성주 최춘명은 끝까지 거부한다. 무신 권력자 최이(崔怡, ?~1249)는 몽골의 압력에 못 이겨 그를 죽이려 했다. 그러나 최춘명의 기개에 감명을 받은 몽골 관료의 요청으로 그는 목숨을 건진다.

다음은 몽골의 1차 침략 당시 구주(龜州, 평북 구성군)성 전투의 영웅이었던 박서에 관한 이야기다.

> 박서가 항복하지 않고 구주성을 지켰다. 뒤에 몽골 사신이 그의 처형을 요구했다. 최이는 "국가를 위한 경의 충절은 말할 수 없이 크지만, 몽골의 요구 또한 피할 수 없네. 그대가 알아서 하시오."라고 했다. 박서는 고향으로 돌아갔다.
>
> ─《고려사》권103, 박서 열전

몽골은 구주성을 지킨 박서의 처형을 요구했다. 당시 권력자 최이는 구주성 전투의 영웅 박서를 처형하면 민심이 동요할까 두려웠다. 그렇다고 몽골의 요구를 대놓고 무시할 수도 없어서 박서에게 도망을 권유했던 것이다.

몽골의 침략에 맞서 끝까지 성을 고수한 두 장수의 충성심과 기개는 고려가 세계제국 몽골의 공세를 30년 동안 버틸 수 있게 해준 원동력이었다. 수많은 전투를 치른 몽골 장수조차 칭송할 정도였다.

> 구주성을 포위할 때 70세에 가까운 몽골 장수가 그 성곽과 성의 무기들을 보고, "내가 20세부터 전투에 참가하여 천하의 무수한 성을 공격해봤지만, 이처럼 맹렬하고 오랜 공격을 버티며 항복하지 않은 곳을 본 적이 없다. 이 성에 있는 장수들은 뒷날 모두 큰 인물이 될 것이다."라고 칭찬했다.

김경손

몽골의 노 장수는 영웅적인 전투를 벌인 구주성 장수들이 뒷날 큰 인물이 될 거라고 예언했지만, 불행하게도 이들의 가계나 자손, 이후의 행적은 찾아볼 수 없다. 박서도 최춘명도 그러했다. 다만 김경손에 대해서는 자세한 기록이 남아 있다.

반란군의 존경을 받은 장수

1237년(고종 23) 원율(原栗, 전남 담양군 금성면) 담양 지역에서 반란을 일으킨 이연년(李延年, ?~1237) 형제는 인근의 해양현(광주광역시) 등지를 점령하는 등 기세를 떨쳤다. 김경손은 반란을 진압하기 위해 같은 해 전라도 지휘사에 임명되어 나주로 갔다. 김경손이 나주에 왔다는 소식을 들은 이연년이 나주성을 포위하자, 김경손은 별초(別抄) 30여 명을 선발해 반란 진압에 나섰다.

이연년은 싸움에 앞서 부하들에게 "지휘사(김경손)는 구주성 전투에서 공을 세운 대장이다. 사람들이 크게 존경하는 분이다(人望甚重). 내가 직접 사로잡아 우리의 우두머리로 삼을 테니, 그에게 활을 쏘지 말라."고 주의를 주었다. 또한 화살을 잘못 쏘아 김경손을 다치게 할까 염려되어 활과 화살을 사용하지 않고 접근해서 짧은 무기(칼)로 싸우게 했다. 이연년은 자신의 용맹을 믿고 직접 앞으로 뛰어가 김경손을 말에서 끌어내리려 했다. 김경손이 칼을 뽑아 휘두르면서 싸움을 독려하자, 별초들이 목숨을 걸고 싸워 이연년의 목을 베었다. 승세를 타서 반란군을 쫓아 궤멸시켰다. 이 지역이 다시 평정되었다.

—《고려사》권103, 이연년 열전

김경손은 박서와 함께 구주성 전투의 또 한 명의 영웅이었다. 반란군조차 자기네 우두머리로 삼고자 했을 정도로 김경손은 당시 백성들의 존경을 받았다. 몽골의 침입으로 백성들의 삶이 황폐화되면서 그에 맞서 싸운 영웅에 대한 갈망이 더욱 커졌던 것이다. 김경손이 구주성 전투에서 어떤 활약을 했기에 백성들의 신망을 얻을 수 있었을까?

김경손은 1231년(고종 18) 몽골의 1차 침입 때 정주(靜州, 평북 의주군)성 장군이었다. 몽골군이 압록강을 건너 철주(鐵州, 평북 철산군)를 함락하고 정주를 침입했다. 그는 결사대원 12명을 거느리고 성 밖으로 나와 몽골군의 침입을 저지했다. 그러나 그사이 성안의 군사와 주민 들이 모두 도망쳐버렸다. 성을 더는 지킬 수 없다고 판단한 김경손은 7일 동안 밤길을 걸어 구주성으로 갔다. 당시 서북면 병마사 박서는 구주성에 합류한 김경손에게 몽골군과의 전투를 지휘하게 했다. 다음은 김경손이 구주성에서 몽골군과 싸운 장면이다.

몽골군은 구주성을 몇 겹으로 포위하고 밤낮으로 공격했다. 수레에 풀과 나무를 싣고 그 속에 몽골군을 숨겨 성을 공격했다. 김경손은 포차(砲車)를 이용해 끓는 쇳물을 몽골군의 수레에 뿌렸다. 수레에 담긴 풀과 나무가 불태워져 몽골군이 퇴각했다. 그들이 다시 공격하자, 김경손은 의자에 걸터앉아 싸움을 독려했다. 적이 쏜 포탄이 김경손의 정수리 위를 지나 뒤에 있던 호위군을 맞추자, 호위군의 몸과 머리가 부서졌다. 보좌하

구주성 진남루 김경손은 평북 구성군의 구주성에서 몽골군을 크게 무찔렀다.

던 부하들이 자리를 피할 것을 권했다. 그는 "아니다. 내가 동요하면 군
사들도 모두 동요한다."고 했다. 정신과 표정이 평소처럼 태연했고 끝내
피하지 않았다. 20여 일간의 큰 전투를 치르는 동안 때에 따라 전투를
준비하고 변화에 대비하는 것이 귀신과 같이 치밀했다. 몽골군이 "이 작
은 성이 몽골의 대군을 대적한 것은 하늘이 도운 것이지 사람의 힘으
로는 할 수 없는 일이다."라고 했다. 마침내 몽골군이 포위를 풀고 물러
갔다.

—《고려사》 권103, 김경손 열전

김경손은 용장(勇將)이었다. 직접 결사대를 이끌고 성 밖으로 나가 적
의 예봉을 꺾고, 성 안에서도 적의 표적이 되는 것을 두려워하지 않고 앞

장서서 군사를 독려했다. 또한 몽골군의 전술을 파악해 그들의 공세를 차단한 지장(智將)이기도 했다. 다음은 치열했던 당시 전투에 관한 기록이다.

몽골군이 사다리차(누거(樓車))와 큰 나무상자를 만들어 쇠가죽으로 덮어씌우고 그 안에 군사를 감추어 성 밑으로 와서 땅을 파 길을 내려 했다. 박서는 성에 구멍을 내어 쇳물을 부어 사다리차를 불태웠다. 땅이 함몰되어 몽골군 30여 명이 깔려 죽었다. 썩은 풀 섶에 불을 질러 나무상자를 불태우자 몽골군이 놀라서 도망쳤다. 그 뒤 몽골군이 대포차(大砲車) 15대로 성 남쪽을 갑자기 공격했다. 박서는 성 위에 쌓은 축대에서 적의 포차를 향해 돌을 쏘아 몽골군을 퇴각시켰다. 그러자 몽골군이 이번에는 사람을 죽이고 시체를 눌러 짠 기름을 바른 섶에 불을 질러 성을 공격했다. 박서는 물로 불을 끄려 했지만, 불이 더 타오르자 진흙을 물에 섞어 던져 불을 껐다. 몽골군이 수레에 마른 풀을 싣고 불을 붙여 성의 건물에 불을 지르자, 박서는 미리 준비해둔 물을 성 위에서 부어 불길을 잡았다. 몽골군이 30일 동안 갖은 방법을 동원해 공격했으나, 임기응변으로 공격을 막아 성을 고수했다. 몽골군이 이기지 못하고 퇴각했다.

—《고려사》 권103, 박서 열전

고려와 몽골의 정규군이 이와 같이 정면으로 맞붙어 싸운 전투에 대한 기록은 구주성 전투가 처음이자 마지막이다. 이듬해(1232년) 고려 조정이 강화도로 천도한 이후에는 전투 때마다 몽골군의 일방적인 공세에 시달리게 된다.

김경손

박서와 김경손은 구주성 전투로 인해 백성들의 영웅이 되었다. 이 전투를 계기로 박서는 문하평장사(종2품)로 승진해 재상이 된다. 김경손은 장군(정4품)에서 대장군(종3품)으로 승진하고, 문반직인 지어사대사(知御史臺事, 종4품)에 임명된다.

앞서 밝힌 대로 김경손은 구주성 전투 후 6년 뒤인 1237년(고종 24) 전라도 지휘사로서 이연년 형제의 반란 진압에 나섰다. 이연년 형제는 진압군 사령관 김경손을 자신들의 우두머리로 삼으려 했다. 이러한 사실은 김경손이 당시 백성들의 추앙을 받는 전쟁 영웅이었음을 알려준다.

'끊이지 않은 추모 열기'

김경손은 당대는 물론 조선시대까지 조정과 민간에서 추모 대상이었다. 조선 성종(成宗, 1457~1494, 재위 1469~1494)은 경연에서 김경손이 최항(崔沆, ?~1257)에게 죽임을 당한 사실을 안타깝게 여기면서, 고려시대 최씨 일가의 무단정치를 비판한다.

> 국왕(성종)은 《고려사》를 읽다가 〈김경손 열전〉에 이르러, "간사한 신하로 최항 같은 사람이 없구나. 강화도 천도는 더욱 비참한 일이다. 어찌 최항 일가가 모두 이같이 간사했을까?"라고 말했다. 검토관 성담년(成聃年)이, "한집안의 아버지와 아들이 계속 집권해서 그렇게 된 것입니다. 만약 하늘이 최항을 더 오래 살게 했다면 나라를 그르친 것이 여기에 그치지 않았을 것입니다."라고 답했다.
> —《성종실록》 성종 7년(1476) 4월 병술(13일)

조선은 물론 고려 당대에도 그의 공적은 높은 평가를 받았다. 그가 사망하고 7년이 지난 뒤인 1258년(고종 45) 12월 국왕은 김경손의 처와 자식에게 은 1근과 쌀 3석을 내린다.《고려사》 권24) 김경손 사후 처음 내린 포상이다. 몽골과의 전쟁이 막바지에 이르자 전쟁을 독려하기 위해서였다. 뒷날 충선왕(忠宣王, 즉위 1298, 복위 1308~1313)도 그를 포상한다.

1298년 충선왕이 즉위하면서 내린 교서에서, "신묘년(1231) 구주 선유사 박문성, 김중온, 김경손과 …… 정유년(1237) 남로역적 처치사 김경손의 친손자와 외손자 모두에게 첫 관직을 준 사실을 기록하고 등용시켜라." 고 했다.

—《고려사》 권75, 선거3 전주(銓注)

충선왕은 충렬왕의 아들이자 원나라 세조 쿠빌라이의 외손자이다. 어린 시절부터 원나라 궁정에서 성장했다. 1298년과 1308년 두 차례 고려 국왕으로 즉위해 개혁정치를 단행했다. 충선왕의 개혁정치는 고려를 원나라의 제후국으로 낮춰 그에 걸맞게 제도를 개편함으로써, 고려의 정체성을 지키려 했다. 그럼에도 불구하고 충선왕은 대몽항쟁의 상징이자 구주성 전투의 영웅인 김경손을 추모하고, 그 자손들을 관리로 임용함으로써 고려의 정체성을 지키려 했다. 또한 백성의 지지를 받는 영웅 김경손을 추모해 민심을 수습하려는 목적도 있었다.

정공사(旌功祠)는 1703년(숙종 29)에 건립되어 1704년 사액을 받았다. 박서는 서산(죽산의 오기)이 본관이다. 구주성 병마사로서 몽골군을 크게 깨뜨렸으며, 버슬은 평장사이다. 김경손은 경주가 본관이다. 본도의 장군으로서 몽골군을 크게 깨뜨렸으며, 벼슬은 은청광록 부추밀이다. 뒤에 최항의 해를 입었다.

—《대동지지》 권23, 구성(龜城) 사원(祠院)

조선 숙종 때 구주성 현지에 박서와 김경손을 추모하는 사당인 정공사가 건립된다. 사후 약 450년이 지난 뒤에도 김경손의 행적이 전승되고 그에 대한 추모의 열기가 지속된 이유는 무엇일까?

가문의 영광을 뒤로하고

김경손이 오랜 기간 추모의 대상이 된 것은 지배층이 보여주어야 할 도덕적 책무를 몸소 실천했기 때문이다. 그의 가문은 당시 권력과 명예를 모두 가진 명문가였다. 그러나 김경손은 자신의 안녕을 위해 그것을 누리지 않았다.

김경손은 경주 출신으로 신라 왕실의 후예이다. 그의 집안은 경순왕이 고려에 귀부할 때 개경으로 올라와 대대로 고려에서 벼슬을 했다. 할아버지 김봉모(金鳳毛, ?~1209)는 신종(神宗, 1144~1204, 재위 1197~1204) 때 재상을 역임했다. 그는 '국가의 연회와 제사 같은 큰 행사를 직접 주관했다. 사신 접대에 민첩했고 행동거지가 자세하고 훌륭해서 세상 사람들이 모두 존경하고 따랐다.'는 평가를 받았다.(《김봉모 묘지명》) 아버지 김태서(金台瑞, ?~1257)는 과거에 급제해 명종, 신종, 희종, 강종, 고종 등 다섯 왕을 섬겼고 역시 재상을 역임했다. 김태서의 아들은 약선(若先), 기손(起孫), 경손(慶孫)인데, 둘째 김기손(金起孫, ?~1268)은 문하시랑평장사(종2품)가

강화군 양도면에 위치한 강화 가릉(嘉陵) 고려 원종의 비이자 충렬왕을 낳은 순경태후 김씨의 능이다.

되어 재상의 반열에 올랐다. 김봉모, 김태서, 김기손, 3대 연속으로 재상을 배출한 것이다. 특히 문반에 적대적인 무신정권 아래서 문반 출신 가문이 3대에 걸쳐 재상을 배출한 것은 아주 드문 경우이자 영예로운 일이었다.

김경손의 형 김약선(金若先, ?~?)은 권력자 최이의 사위이며 고려 왕실의 외척이었다. 그의 딸 순경태후(順敬太后)는 1235년(고종 22) 태자로 책봉된 고종의 맏아들 왕식(王植, 뒤에 원종으로 즉위)의 비로 책봉된다. 순경태후는 원종(元宗, 고려 24대 국왕, 1219~1274, 재위 1259~1274)의 뒤를 잇는 충렬왕(忠烈王, 고려 25대 국왕, 1236~1308, 재위 1274~1308)을 낳는다. 김경손의 경주 김씨 가문은 이같이 신라 왕실의 후예로서 무신정권기 고려

김경손

왕실의 외척이 된 명가였다.

김경손은 명가의 후예이자 최고 권력자 최이의 인척이었지만 기꺼이 전쟁에 나섰다. 김경손이 전쟁 영웅으로 백성들의 지지를 받은 것은 가문의 후광으로 누릴 수 있는 명예와 영광을 뒤로한 채 일선에서 목숨을 아끼지 않고 몽골군과 싸웠기 때문이다.

권력과 명예를 가진 사람일수록 그것을 지키기 위해 전쟁에 참여하는 것을 꺼리고 참전하더라도 소극적으로 행동한다. 장군 대집성(大集成, ?~1236)이 그러했다. 그는 일찍이 최이의 강화 천도 계획에 반대한 관료들을 처단할 정도로 신임이 두터운 최이의 측근이었다. 뒤에 딸이 최이의 후실이 되어 대집성은 최이의 장인이 되었다. 몽골이 침략하자 그는 후방 군대(後軍)의 지휘자가 되어 전투에 소극적으로 임했다. 또한 패전을 해도 최이를 믿고 문책을 두려워하지 않았다고 한다.(《고려사》 권129, 최이 열전)

반면에 김경손은 왕조에 반기를 든 초적들조차 우두머리로 삼으려 했을 정도로 백성들의 신망이 두터웠다. 권력과 명예를 가진 지배층이 지녀야 할 도덕적 책무에 충실했기 때문이다. 그는 고려판 '노블레스 오블리주(noblesse oblige)'의 전형이다.

'선을 쌓은 집안은 경사가 후손에까지 이어진다(積善之家 必有餘慶)'는 선인들의 명언은 이 집안에도 들어맞는 말이다. 경주 김씨 가문은 뒷날 1308년(충선 복위년) 11월 왕실과 혼인할 수 있는 재상지종(宰相之宗) 가문으로 지정되었으며, 고려 후기에도 권문세족으로 위세를 이어나갈 수 있었다.

고귀한 도덕적 책무가 죽음을 재촉하다

명예와 영광 뒤에는 질투와 시기, 음모가 뒤따르기 마련이다. 1249년 (고종 36) 11월 최이가 죽은 뒤에 권력을 승계한 아들 최항(崔沆)은 승려 시절은 물론이고 개경에 있을 때에도 갖은 행패와 불법을 저질러 민심과는 동떨어진 인물이었다.

최이의 첫째 부인 정씨(정숙첨의 딸)와 후실 대씨(대집성의 딸)에게는 대를 이을 자식이 없었다. 대신에 첩인 기생 서련(瑞蓮)에게서 얻은 두 아들 만종(萬宗)과 만전(萬全)이 있었다. 두 아들을 마뜩찮게 여긴 최이는 장차 권력을 사위인 김약선(김경손의 형)에게 넘겨주려 했다. 두 아들이 모를 리 없었다. 최이는 반란을 일으킬 것을 염려하여 형제를 승려로 만들었다. 만종은 단속사(斷俗寺) 주지로, 만전은 쌍봉사(雙峰寺) 주지가 된 것이다.

그러나 두 형제가 지방에서 남의 토지를 빼앗는 등 갖은 행패를 부리자, 최이는 이들을 다시 개경으로 불러들였다. 최이는 만전을 최항으로 개명해 환속시켰다. 환속 후 최이 시절의 권력 세계를 훤하게 파악해두었던 최항은 집권 후 자신의 권력 유지에 위협이 될 만한 인물들을 제거하는 작업에 착수했다. 첫 번째 표적은 부친 최이의 처가 쪽 사람들이었다. 가장 먼저 첫째 부인 정씨의 동생 정안(鄭晏, 정숙첨의 아들)을 제거한다.

최항은 최이 집권 시절부터 최이의 사위이자 김경손의 형인 김약선을 경계했다. 최이가 한때 후계자로 삼을 정도로 그에 대한 신뢰가 깊었기 때문이다. 그래서 최항은 늘 김약선을 권력 승계의 잠재적인 경쟁자로 생각했다. 이후 김약선이 부인(최이의 딸)의 참소로 최이에게 제거되었

김경손

다. 그런데도 최항은 긴장의 끈을 놓지 않았고, 이번에는 김약선의 동생 김경손을 표적으로 삼았다. 김경손은 최이 생전에도 다른 사람의 모함을 받았다.

어떤 사람이 최이에게 김경손을 다음과 같이 헐뜯었다.

"김경손 부자가 공을 해치고 반역을 일으키려 합니다."

진상조사 결과 사실이 아님이 밝혀지자, 최이는 김경손을 헐뜯은 사람을 강에 빠뜨려 죽였다. 김경손은 추밀원부사(정3품)로 승진했다.

그러나 의심이 많고 권력욕에 사로잡힌 최항의 덫에서 빠져나갈 수가 없었다.

> 최항은 지추밀(知樞密) 민희(閔曦)와 추밀부사 김경손이 민심을 얻은 것 [得衆心]을 꺼려해 해도로 유배 보냈다. …… 최항은 장군 송길유(宋吉儒)를 보내서 김경손을 바다에 던져 죽였다.
>
> —《고려사》권129, 최항 열전

1249년(고종 36) 집권한 최항은 민심의 지지를 받고 있다는 이유만으로 김경손을 유배 보낸다. 그리고 2년 뒤인 1251년 계모 대씨(大氏, 최이 후실)를 죽이고, (대씨의) 전 남편의 아들 오승적(吳承績)을 강에 빠뜨려 죽였다. 또한 오승적의 인척이라는 이유로 백령도에 유배된 김경손을 바다에 빠뜨려 죽였다.

김경손을 죽인 것은 단지 백성들의 신망을 받는다는 이유 때문이었다. 지배층이 지녀야 할 도덕적 책무에 충실했기에 백성의 존경을 받았지만 그것이 오히려 그의 죽음을 재촉한 것이다. 이런 역설이 또 있을까? 그가 지녔던 고귀한 도덕적 책무도 무모한 권력의 야욕 앞에서는 아무런

쓸모가 없었다. 왕조를 위한 헌신과 충성이 권력욕 앞에 헛되이 사라져 버린 안타까움이 그를 오랫동안 기억하고 추모하게 했던 것이다. 누가 진정 역사의 승자일까?

김경손

1316년(충숙왕 3) 출생.

1352년(공민왕 1, 37세) 조일신의 난 진압.

1354년(공민왕 3, 39세) 원나라의 요청으로 한족 반란군 진압에 참전.

1356년(공민왕 5, 41세) 공민왕의 반원개혁으로 정동행성을 폐지하고 쌍성총관부 수복. 최영, 압록강 건너 원나라 역참 공격.

1362년(공민왕 11, 47세) 홍건적의 2차 침입 격퇴. 개경 수복.

1363년(공민왕 12, 48세) 흥왕사의 난 진압.

1364년(공민왕 13, 49세) 공민왕 폐위를 기도한 덕흥군과 최유 군사 격퇴.

1374년(공민왕 23, 59세) 제주 목호(牧胡)의 반란 진압. 공민왕 시해(9월). 우왕 즉위.

1376년(우왕 2, 61세) 홍산에서 왜구 크게 무찌름(홍산대첩).

1384년(우왕 10, 69세) 문하시중에 임명.

1388년(우왕 14, 73세) 요동 정벌. 이성계의 위화도 회군. 처형됨.

최영

다원사회의 종말을 재촉한 명장

민중에게 흠모의 대상이 된 최영

최영(崔瑩, 1316~1388)은 조선의 창업군주 이성계(李成桂, 1335~1408, 재위 1392~1398)에 필적하는 고려 말 명장이다. 이성계 일파에게 처단되었지만, 그를 기리고 그의 영력(靈力)에 기대려는 민중들의 소망은 끊이지 않았다. 최영 사당은 전국 곳곳에 아직도 많이 남아 있다. 대표적인 곳이 개성 근교 덕적산(德積山)의 최영 장군 사당이다. 이중환(李重煥, 1690~1752)도《택리지》(1751)에 그에 관한 기록을 남겼다.

개성에서 동남쪽으로 10여 리를 가면 덕적산이 있고, 산 위에는 최영의 사당이 있다. 사당에는 영험한 소상(塑像)이 있어서 주민들이 기도하면 이루어졌다. 사당 옆에 침실을 두고 민간의 처녀를 시켜 사당의 신을 모시게 했다. 그 처녀가 늙고 병들면 다시 젊고 예쁜 처녀와 바꿔서, 지금

최영 초상 1854년(철종 5) 최영의 27세손 최규영의 주도로 청주 기봉영당에 봉안되어 전한다. 2012년 충북 문화재자료 제87호로 지정되었다.

까지 300년을 하루같이 제사를 지내고 있다.[1]

벽초 홍명희(洪命憙, 1888~?)의 소설 《임꺽정》에는 덕적산 최영 장군 사당이 다음과 같이 묘사되어 있다.

덕적산은 딴 이름이 덕물산이니 진달래꽃으로 이름 높은 진봉산 남쪽에 있다. 그 흔한 진달래꽃조차 진봉산같이 많지 못한 산이라 아무것도 보잘것이 없건마는 이름은 경향에 높이 났다. 이것은 다름이 아니고 오직 산 위에 최영 장군의 사당이 있는 까닭이었다. 최 장군이 고려 말년의 영웅으로 당세에 큰 공로가 있었다고 유식한 사람들이 그 사당을 위하는가 하면 그런 것도 아니고, 또 최 장군이 무덤에 풀이 나지 않을 정도로 원통하게 죽었다고 유심(有心)한 사람들이 그 사당에 많이 오는가 하면 그런 것도 아니다. 그 사당을 누가 세웠는지 세운 사람은 혹시 장군의 죽음을 불쌍히 여기고 또는 장군의 공로를 못 잊어했는지 모르나, 그 사당은 장군당이라고 일컫는 무당들의 밥그릇이 되고, 최영 장군은 최일 장군으로 이름까지 변하여 무당들의 고주귀신이 되었다.[2]

홍명희는 사당이 무당들의 밥그릇 노릇이나 한다며 조금 비꼬는 듯이 장군의 사당을 소개했다. 또한 그는 사당을 지킬 처녀를 장군의 신부로 맞아들이는 모습을 열두 마당놀이로 사실적으로 묘사했다. 그리고 임꺽정 세력의 일원인 박유복이 장군의 신부로 사당에 바쳐진 처녀를 아내로 삼아 사당을 떠나는 과정을 소설에 담았다.

소설에서 최영을 최일(崔一)이라 부른다고도 했는데, 구전설화에도 이렇게 부르는 경우가 많이 나온다. '장군 가운데 1등'이라는 뜻인 만큼, 민간에서 최영의 신비스러운 측면이 강조되었다는 것을 알 수 있다. 최영 장군은 이같이 정사보다 야사나 민간의 구전설화에 더 많이 등장하여 민중에게 흠모의 대상이 된, 신에 가까운 존재였다. 그러나 《고려사》등 정사에는 그렇게 기록되어 있지 않다.

'공은 죄를 덮을 수 없다'

1388년(우왕 14) 2월 명나라는 철령위를 설치하려고 철령 이북 지역의 영토 반환을 요구했다. 최영과 우왕은 이에 반발하여 같은 해 4월 이성계와 조민수에게 요동 정벌을 명령한다. 그러나 5월 압록강의 위화도까지 진출한 이성계는 군사를 거두어 개경으로 향한다. 6월에는 개경 근교에 주둔하고 있던 회군 군사들이 국왕에게 다음과 같이 최영의 처단을 요구한다.

> 공민왕(恭愍王)께서 지성으로 명나라에 사대하셨고, 명나라 천자는 우리나라를 공격할 뜻도 없었습니다. 최영이 총재(冢宰)가 되어, 건국(祖宗) 이후 행해온 사대의 뜻을 잊고 대군을 일으켜 명나라를 쳐들어가려 했습니다. 한여름에 백성을 동원해 농사를 짓지 못했고, 왜구가 빈틈을 타고 쳐들어와 백성을 죽이고 창고를 불태웠습니다. 한양으로 천도까지 하려 해 온 나라가 시끄러웠습니다. 최영을 제거하지 않으면 반드시 종묘와 사직이 전복될 것입니다.
>
> ―《고려사》 권137, 우왕 14년 6월

우왕(禑王, 고려 32대 국왕, 1365~1389, 재위 1374~1388)은 위화도에서 회군한 군사들을 회유하고 달래어 최영의 처형을 막으려 했다. 한 달가량 실랑이를 벌였다. 참지 못한 회군 장수 유만수(柳曼殊)가 최영 진영을 공격했으나 최영에게 반격을 당했다. 마침내 이성계가 직접 공격해 최영을 사로잡았다.

최영은 처음에는 고봉(高峯, 고양)으로 유배되었다가 이후 충주와 합포(合浦)로 유배지가 옮겨졌다. 그러나 우왕이 폐위되고 아들 창왕이 즉위하자 개경으로 압송되어 심문을 받았다. 당시 창왕에게 보고된 내용에 따르면 최영의 처단을 요구할 때 언급한 죄목은 다음과 같다.

최영은 공민왕을 섬겨 흥왕사 난을 평정하고, 원이 고려왕으로 임명한 덕흥군을 북쪽 변방에서 쫓아버렸습니다. 상왕(우왕)을 섬겨 개경 입구까지 들어온 왜구를 물리쳐 사직을 보존하고, 금년 봄 〔임견미(林堅味), 염흥방(廉興邦) 등〕 흉악한 무리를 제거해 백성의 삶을 되살린 공은 실로 컸습니다. 그러나 (천하) 대세에 어두워 여러 사람의 의견을 무시하고 요동을 정벌하기로 결정해 명나라 천자에게 죄를 지어, 나라를 거의 멸망에 이르게 했습니다. 공이 죄를 덮을 수 없다는 것이 바로 이를 두고 한 말입니다. 원컨대 전하께서는 큰 나라를 섬기고 천자를 두려워해야 하는 뜻을 생각하여, 그의 죄를 바로잡아 조상들에게 알리고 명나라 황제의 노여움을 풀어 우리나라가 만세 태평의 길로 나아가게 하소서.

—《고려사》권113, 최영 열전

위 인용문의 흥왕사 난은 1363년(공민왕 12) 3월 김용(金鏞)이 흥왕사에 머물던 공민왕의 시해를 기도한 사건이다. 또한 여기서의 덕흥군은 충선왕의 셋째 아들이다. 원나라 순제(順帝)가 그를 고려왕으로 책봉해 공민왕을 폐위시키려 했다. 1363년 12월 덕흥군은 군사 1만 명을 거느리고 고려를 침입했다. 최영은 두 사건을 모두 진압했다. 또한 왜구 침입을 막아 고려의 왕통과 사직을 바로잡는 공을 세웠다. 그러나 최영의 공이 아무리 크다 하더라도 명나라 요동을 정벌하려 한 죄를 덮을 수 없다는 것이다. 다시 말해 '요동 정벌'이라는 하나의 죄가 내란, 외란의 국가적 위기를 극복해낸 수많은 공을 덮을 정도로 크다는 것이다. 최영의 처단은 피할 수 없게 되었다.

이러한 논리는 1388년(우왕 14) 6월 최영을 처형하기 이전에 우왕을 폐위할 때에도 이미 적용되었다. 우왕이 폐위되고 한 달이 지난 7월에 고려는 명나라에 사신을 파견했다. 우왕은 명나라 황제에게 왕위를 아들(창왕)에게 양위했음을 알리고 책봉을 요청하는 글을 올린다.

근래 최영이 권세가 임견미 등의 목을 베고 마침내 문하시중이 되자, 제멋대로 군국(軍國)의 권한을 잡고 사람들을 마구 죽였습니다. 또한 멋대로 군사를 일으켜 요동 정벌에 나섰으나, 여러 장수가 모두 반대했습니다. 가만히 생각해보니 최영이 이렇게 된 것은 실로 제 잘못 때문입니다. 부끄럽고 두려워 죄를 피할 길이 없습니다. 저는 어려서부터 병을 앓았고 국사가 번잡하여 물러나 요양하려 합니다. …… 폐하께서 제 망령된 행위를 용서하시고 제 충정을 믿으셔서, 제 아들 창이 황제의 은택을 입어 왕위에 오르게 해주시면 매우 다행이겠습니다.

—《고려사》권137, 창왕 즉위년(1388) 7월

당시 우왕은 회군 공신들의 압박으로 왕위를 양위하는 모양새를 취할 정도로 허수아비에 불과했다. 양위와 책봉은 회군파들이 위화도 회군과 국왕 폐위의 정당성을 얻는 데 필요한 절차였다. 우왕은 요동 정벌을 단행한 최영을 막지 못한 잘못 때문에 양위한다고 했다. 그 어떠한 공도 천자국 명나라에 지은 죄는 덮을 수 없다는 것이다. 이른바 공죄론(功罪論)이다. 최영은 공죄론의 덫에 걸려 처형되었다.

'공이 죄를 덮을 수 없다(功不掩罪者)'는 말은 고려시대에 정적을 제거할 때 주로 내세우는 논리였다. 최영이 처형되기 250여 년 전의 일을 잠시 살펴보자.

12세기 전반 이자겸(李資謙, ?~1127)의 권세는 하늘을 찌를 정도로 높아, 국왕 인종(仁宗, 고려 17대 국왕, 1109~1146, 재위 1122~1146)은 왕위를 보

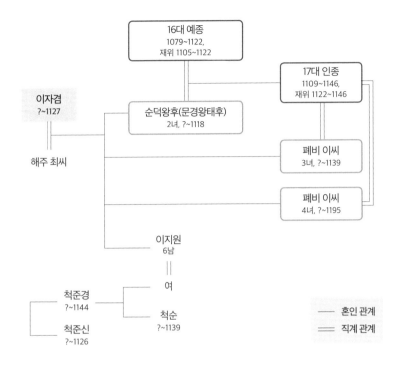

| 이자겸 가계도

존하기 어려울 지경이었다. 이자겸은 첫째 딸을 예종(睿宗, 고려 16대 국왕, 1079~1122, 재위 1105~1122)에게 출가시켜 왕실의 외척이 되었는데, 외손인 인종이 즉위하자 둘째 딸과 셋째 딸을 다시 인종의 비로 들인다. 그러니까 인종의 외조부이자 장인이 된 것이다. 외척은 왕실의 든든한 울타리가 되기도 하지만, 때에 따라서는 국왕의 숨통을 노리는 칼날이 된다.

1126년(인종 4) 인종은 이자겸을 제거하기 위한 친위정변을 일으켰다. 그 과정에서 이자겸과 사돈지간이었던 무신 척준경(拓俊京, ?~1144)의 동

최영

생 척준신(拓俊臣, ?~1126)과 아들 척순(拓純, ?~1126)이 살해되었다. 이에 격노한 척준경이 군사를 이끌고 궁을 공격하면서 인종의 친위정변은 실패로 끝났다. 이해 2월의 일이다. 정변의 실패로 국왕은 허수아비와 다름없을 정도로 권위를 잃었다.

하지만 인종과 측근들은 척준경을 꼬드겨 우군으로 끌어들이는 이이제이(以夷制夷) 작전으로 마침내 이자겸을 제거하는 데 성공한다. 이해 5월의 일이다. 결정적인 역할을 한 척준경은 국왕의 총애를 받아 득세하지만 오래가지 못했다. 서경 출신의 천재 시인이자 정치가 정지상(鄭知常, ?~1135)이 척준경을 궁지로 몰아넣었기 때문이다.

> (이자겸을 제거한) 5월의 거사는 한때의 공에 불과합니다. 그러나 (궁궐을 불태우고 반란을 일으킨) 2월의 거사는 만세의 죄입니다. 어진 폐하께서 어찌 한때의 공으로 만세의 죄를 덮으려 하십니까?(五月之事 一時之功也 二月之事 萬世之罪也 陛下雖有不忍人之心 豈以一時之功 掩萬世之罪乎?) 척준경을 처벌하라는 명을 내려주십시오.
>
> ―《고려사》 권127, 척준경 열전

이자겸을 제거한 5월의 공으로는 궁궐을 공격해 불태운 2월의 죄를 씻을 수 없다는 것이다. 정지상의 촌철살인 한마디에 낙마한 척준경은 전라도 암태도로 유배되었다가 인종의 배려로 겨우 풀려나 고향 곡주로 낙향해 일생을 마친다. 이같이 최영 처형의 논리인 공죄론은 250년 전에도 사용되었다.

민심은 최영의 죽음을 다르게 생각했다

최영 처형에 소극적인 우왕이 폐위되고 창왕(昌王, 고려 33대 국왕, 1380~1389, 재위 1388~1389)이 즉위했다. 정국은 회군파의 뜻대로 움직였고 최영은 마침내 처형되었다. 이때 이성계 일파의 친위대격인 윤소종(尹紹宗, 1345~1393)도 최영의 죽음에 대해 촌철살인의 한마디를 던졌다.

윤소종은 최영을 다음과 같이 평가했다. "공은 한 나라를 뒤덮지만 죄는 천하를 가득 채운다."[功盖一國 罪滿天下] 세상 사람들은 이 말을 명언이라고 했다.

—《고려사》 권113, 최영 열전

최영에게 적용된 공죄론은 어디에 근거한 것일까? 명나라를 천자국으로 고려를 제후국으로 간주해, 제후는 천자를 넘볼 수 없다는 이른바 '사대 명분론'에 근거하고 있다. 이러한 공죄론은 천자-제후의 엄격한 상하 질서를 강조하는 사대 명분론이 자리를 잡은 후에야 나올 수 있다.

이성계에 필적하는 고려 말 최고의 장수 최영을 처형할 정도로 당시 사대 명분론이 엄격하게 자리잡고 있었을까? 그러한 명분론이 당시의 보편적 기준이었을까? 최영이 처단된 직후 다음의 기록에 담긴 백성들의 여론 속에서는 공죄론의 흔적을 찾을 수 없다.

(최영이) 죽은 날 개경 사람들은 장사를 쉬었다. 먼 곳이든 가까운 곳이든 최영의 처형 소식을 들은 사람들은 길거리의 어린 아이들과 부녀들까지 모두 눈물을 흘렸다. 시신이 길에 버려지자 행인들은 말에서 내려

조의를 표했다. 조정은 부의로 쌀, 콩, 베, 종이를 보냈다.

—《고려사》권113, 최영 열전

매우 짧은 글이지만, 그의 죽음이 요동 정벌 때문이라는 언급은 없다. 죽음을 애도하는 백성들의 모습에서 그가 당대의 존경받던 인물이었음을 느낄 수 있다.

백성들이 최영에게 바란 것은 무엇일까? 최영이 백성들에게 던진 메시지는 무엇일까? 고려 말 조선 초에 관료를 지낸 변계량(卞季良, 1369~1430)도 최영에 대한 시를 남겼다.

위엄을 떨쳐 나라를 구하느라 귀밑털이 하얗게 되었고	奮威匡國鬢星星
말 배우는 거리의 아이도 그 이름을 다 안다	學語街童盡識名
한 조각 장한 마음만은 응당 죽지 않았으리	一片壯心應不死
천추에 길이 대자산과 함께 우뚝하다	千秋永與太山橫

—《신증동국여지승람》권11, 고양군 능묘조 최영 묘

말 배우는 아이조차 그의 이름을 알 정도로 최영은 백성들에게 친근한 존재였다. 죽었지만 '한 조각 장한 마음'은 죽지 않아 나라를 지켜줄 것이라 믿었다. 백성들은 요동 정벌에 대해서도 장군이 품은 장한 마음이라고 생각한 것은 아닐까? 문인 원천석(元天錫, 1330~?)도 최영을 기렸다. 일부를 옮기면 다음과 같다.

거울이 빛을 잃고 주석이 무너지니	水鏡埋光柱石頹
사방의 백성이 모두 슬퍼하네	四方民俗盡悲哀

빛나는 공업은 끝내 썩는다 하더라도　　　　　赫然功業終歸杇

꿋꿋한 충성은 죽어도 사라지지 않으리　　　　確爾忠誠死不灰

　　　　　　　　　　—《성호사설》권20, 경사문 〈최영공료(崔瑩攻遼)〉

　원천석은 나라를 바로 세울 기둥과 주춧돌(柱石)인 최영은 죽었어도 고려를 구하려 한 그의 충성심은 영원히 사라지지 않을 것이라고 했다. 왕조를 구할 인물은 최영이라는 백성들의 믿음이 시 속에 담겨 있다.

　앞의 여러 시들은 백성들이 최영이 요동을 정벌한 죄로 처형된 사실을 불신하고 있음을 역설적으로 보여주는 것은 아닐까? 그들은 최영을 단죄한 공죄론을 알고 있었을까? 공죄론은 뒷날 조선 초기 역사가들이 《고려사》를 편찬하는 과정에서 집어넣은 것은 아닐까?

다원적 실리외교의 종언

　위화도 회군 후 우왕을 폐위시킨 일은 요즘 말로 헌정질서를 유린한 것이다. 국왕을 정점으로 하고 그가 임명한 관료들을 중심으로 운영되는 왕정체제가 당시의 헌정질서였다. 요동 정벌을 시도한 것과 헌정질서를 유린한 것 가운데 어느 것이 더 무거운 죄일까?

　선택은 언제나 권력을 장악한 승자의 몫이다. 이성계 등 회군 주역들은 왕정체제를 부정한 대역 행위를 정당화하기 위해 요동 정벌의 책임론을 제기했다. 그러나 책임론을 뒷받침한 천자-제후의 엄격한 관계를 강조한 사대 명분질서가 당시 고려의 보편적인 외교질서는 아니었다.

　공민왕 피살 후 즉위한 우왕은 명나라에 자신의 책봉과 공민왕의 시호를 요청한다. 공민왕 시해의 어수선한 정국을 조기에 수습하고 왕권을 확립하기 위해서였다. 그러나 명나라 사신이 귀국 도중 피살되는 등 일들이 꼬이면서 쉽게 결말이 나지 않았다. 고려는 시호와 책봉을 받기 위해 북원과 외교관계를 재개하며 명나라를 압박한다. 공민왕 사후 우여곡절 끝에 즉위한 우왕은 10여 년이 지난 뒤인 1385년(우왕 11)에야 명나라로부터 '공민왕' 시호와 함께 책봉을 받는다.

이때까지도 사대 명분질서는 확립되지 않았다. 책봉 받은 지 3년이 지난 1388년(우왕 14) 명나라는 과거 원나라 영토라는 이유로 철령 이북 영토의 반환을 요구하고, 고려는 명나라의 요구에 반발해 요동 정벌에 나선다. 이것은 당시 사대 명분질서가 확립되지 않았다는 증거다. 명나라로부터 시호와 책봉을 받기는 했지만, 고려는 그것을 시혜로 생각하지 않았던 것이다.

북원과의 관계도 마찬가지였다. 공민왕은 1363년(공민왕 12) 자신을 폐위하기 위해 고려로 침입한 덕흥군의 군사를 물리쳐 원의 공민왕 폐위 기도를 좌절시켰다. 또한 6년 후 북원과 단교하고 명나라와 외교관계를 맺었다. 한편 북원과의 외교관계 재개를 지렛대로 삼아 명나라를 압박한 우왕은 1385년(우왕 11) 공민왕의 시호와 함께 책봉을 받아 왕권을 강화하려 했다.

고려는 이같이 철저하게 국익을 기준으로 명나라와 북원을 상대로 관계를 단절하거나 재개하는 등 실리외교를 펼쳤다. 이러한 외교 전통은 고려-송-요, 고려-송-금, 고려-송-원, 고려-원(북원)-명 등 500년에 걸친 다원적 외교질서의 경험 속에서 형성된 것이다. 영원한 적도 우방도 없다는 외교가의 금언을 고려는 일찍부터 실천해왔다.

실리외교의 전통은 국가체제에도 반영되었다. 고려는 대외적으로 송,

요, 금의 천자에게 국왕이 책봉을 받는 제후국의 형식을 갖추었으나, 대내적으로는 황제(천자)국의 위상에 걸맞은 제도와 격식을 갖추었다. 대표적인 예로 고려의 중앙 관제인 3성(省) 6부(部)를 들 수 있다. '성'과 '부'는 천자국에서 사용한 관청 용어였다. 고려에 비해 제후국을 자처한 조선은 중앙 관제를 '성'과 '부'에서 '의정부(議政府)'와 '6조(曹)'로 바꾸어 위상을 격하시켰다. '부府'와 '조曹'는 제후국에서 사용한 관청 용어다.

고려인들은 중국 대륙에 천자가 존재하지만 해동(海東)에도 해동천자가 존재할 수 있다는 다원적 천하관을 지니고 있었다. 고려가 황제국 체제를 유지한 이념적 바탕에는 후삼국을 통일해 천하국가를 건설했다는 자부심을 표현한 일통(一統) 의식이 자리하고 있었다.

우왕 폐위와 최영 처형의 명분으로 제기된 요동 정벌 책임론은 우왕이 명나라의 책봉을 받은 지 3년이 지난 위화도 회군 직후 제기되었다. 이는 천자-제후 사이의 엄격한 상하관계를 강조한 사대 명분질서가 보편화된 외교질서로 정착되지 않은 때의 일이다. 그럼에도 불구하고 이성계 등 회군의 주역들은 사대 명분질서를 내세워 정적 최영을 제거한 것이다.

최영의 처단과 죽음은 고려 말 이후 천자-제후의 사대 명분질서를 중요한 가치로 인식하는 출발점이었다. 조선시대 이후 중국 대륙의 천자는 불변의 존재이며, 해동의 왕조는 제후로만 존재한다는 사대 명분질서가 정치, 사회, 사상 및 문화 전반을 규정하는 이념으로 굳게 자리잡는다. 중국 대륙의 천자와 구분되는 해동천자가 존재한다는 다원주의 이념과 그것을 기반으로 한 고려 다원사회는 설 땅을 잃게 되었다. 최영의 죽음은 해동천자의 자존의식을 강조한 고려 특유의 다원적 천하관이 종말을 고했음을 암시한 것이었다.

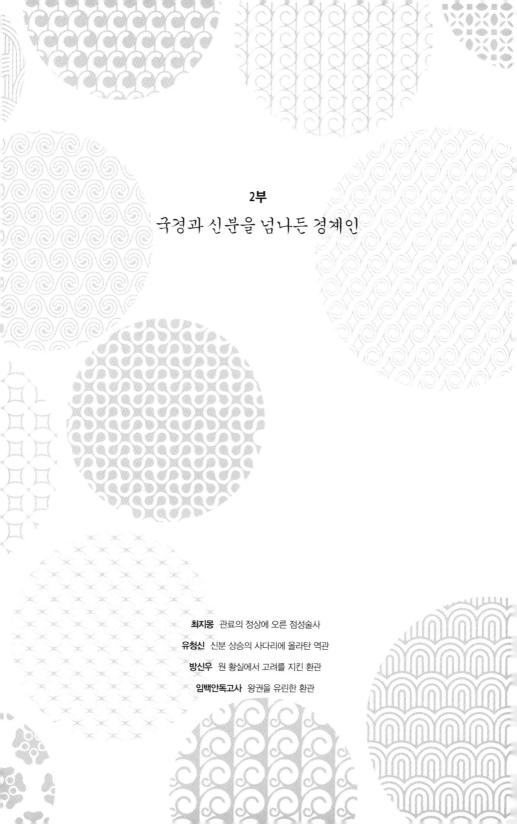

2부
국경과 신분을 넘나든 경계인

907년 영암에서 출생.

912년(6세) 왕건, 영암 덕진포 전투에서 견훤군 대파.

918년(태조 1, 12세) 왕건, 고려 건국.

924년(태조 7, 18세) 태조 왕건을 만나 후삼국 통합 예언. 사천대 관원으로 발탁. '지몽'으로 개명.

927년(태조 10, 21세) 최승로 출생.

936년(태조 19, 30세) 태조 왕건, 후삼국 통합.

943년(태조 26, 37세) 태조 왕건, 〈훈요십조〉를 남김. 사망.

945년(혜종 2, 39세) 왕규의 모반을 예언해 혜종의 시해를 막음. 정종, 왕위에 오름.

949년(정종 4, 43세) 광종, 왕위에 오름.

970년(광종 21, 64세) 귀법사에 행차한 광종에게 무례한 행동을 하여 11년간 유배됨.

980년(경종 5, 74세) 경종, 최지몽을 소환해 내의령의 벼슬 내림. 최지몽, 왕승의 반란을 예언해 저지.

982년(성종 1, 76세) 공신에 책봉됨.

983년(성종 2, 77세) 최승로, 〈시무 28조〉를 올림.

987년(성종 6, 81세) 사망.

최지몽

관료의 정상에 오른 점성술사

해몽으로 출세하다

천체의 움직임을 과학적으로 분석하는 천문학은 근대 이후 성립된다. 전근대에는 해와 달, 별 등 천체의 움직임을 관측해 인간의 운명과 미래를 예측한 점성술이 그 기능을 대신했다. 사람들의 꿈을 분석해 길흉화복과 미래를 예측하는 해몽(解夢)도 점성술에 포함된다. 고려 때 천문 점성술로 불리는 업무를 관장한 관청이 사천대(司天臺)이다.

사천대 관원으로 출발한 최지몽(崔知夢, 907~987)은 해몽으로 최고위직 재상의 자리에 오른 고려 역사상 유일한 인물이다. 그는 태조 왕건을 비롯해 6명의 국왕을 보좌하면서 천문 점성술로 위기에 빠진 왕을 구해내기도 했다.

지금의 경기도 광주(廣州)에 근거지를 둔 호족 왕규(王規, ?~945)는 두 딸을 태조 왕건의 제 15비와 16비로 출가시킨다. 왕건에 이어 즉위한 혜

경기도 광주 하사창리 출토 철불 현존하는 가장 큰 철불로, 높이 2.81m, 무게 6.2t에 이른다. 가람의 규모와 철불의 크기, 함께 발견된 유물의 수준으로 보아 고려 초기의 호족 왕규와 관련된 사찰로 추정된다.

종(惠宗, 고려 2대 국왕, 912~945, 재위 943~945)에게도 딸을 출가시킨다. 제 1비에서 6비까지 배출한 개경, 서경, 충주 출신의 호족 세력에는 미치지 못하지만, 사위인 혜종이 왕위에 오르자 왕규는 살아 있는 권력에 가장 가까이 다가선 권세가가 되었다.

혜종은 즉위하자마자 병을 앓는다. 왕규는 이 틈을 타서 태조의 16비 가 낳은 광주원군(廣州院君)을 왕위에 앉히려고 음모를 꾸민다. 945년 (혜종 2) 혜종의 배다른 형제인 왕요(王堯, 고려 3대 국왕 정종, 923~949, 재위 945~949)와 왕소(王昭, 고려 4대 국왕 광종, 925~975, 재위 949~975)가 외손의 왕위 등극에 장애물이 될 거라고 생각한 왕규는 혜종 앞에서 이들을 헐뜯는다. 그러자 사천공봉(司天供奉)이라는 천문 관측 관직을 맡고 있던 최지몽이 혜종에게 이렇게 말했다.

"유성(流星)이 자미원(紫微垣, 천제의 궁궐 담장)을 침범했습니다. 나라에 반드시 역적이 있을 것입니다."

최지몽이 별자리를 관측해 왕규가 반역할 것을 헤아려 혜종에게 알린 것이다. 혜종은 딸을 왕소(광종)와 혼인시켜 형제들과 유대를 강화함으로써 왕규의 화를 미리 막았다. 그러자 왕규는 혜종을 제거하고 광주원군을 왕위에 앉히려 했다. 최지몽이 혜종에게 다음과 같이 건의했다.

"장차 변란이 있을 것이니, 침실을 다른 곳으로 옮기는 것이 좋을 것입니다."

왕규가 어두운 밤에 일당과 함께 벽을 뚫고 왕의 침실에 침입했으나, 혜종이 이미 거처를 옮긴 뒤였다.

그로부터 35년이 지난 980년, 최지몽은 이번에는 경종(景宗, 고려 5대 국왕, 955~981, 재위 975~981)에게 이렇게 말했다.

"객성(客星, 유성)이 제좌(帝座, 자미원)를 범했습니다. 숙위군을 강화해 만일의 사태에 대비하십시오."

이 조언 덕분에 경종은 왕승(王承)의 반란을 진압할 수 있었다.

경종은 즉위하자 광종 때 유배된 최지몽을 다시 등용했다. 11년 유배 생활에서 풀려난 최지몽에게 경종은 은인이나 다름없었다. 최지몽은 그에 보답이라도 하듯 반란을 예견해 경종의 왕권을 안정시키는 데 결정적인 역할을 했던 것이다. 경종은 최지몽에게 최고 관직인 내의령(內議令, 중서문하성 전신인 내의성 장관, 종1품) 벼슬을 내린다.

천문 점성술이라는 재능으로 고려 초기 왕권과 왕실을 안정시킨 최지몽은 987년(성종 6) 81세를 일기로 세상을 떠날 때까지 천수를 누렸다.

왕건의 천하통일을 예견하다

최지몽의 재능은 이미 태조 왕건 때 빛을 드러냈다. '지몽(知夢)'이라는 이름은 태조 왕건이 지어준 것이다. 최지몽이 해몽에 능하다는 소문을 들은 왕건이 그를 불러 자신이 꾼 꿈의 해몽을 맡겼는데, '앞으로 반드시 삼한을 통합해 통치할[必將統御三韓]' 것이라는 말을 듣는다.

매우 만족한 왕건은 그의 이름 총진(聰進)을 지몽(知夢)으로 바꿔주었다. 이름 그대로 '꿈을 잘 풀이한다'는 뜻이다. 또 비단옷과 함께 천문 관측을 담당하는 사천공봉(司天供奉)이라는 관직을 내린다. 최지몽이 18세 때인 924년(태조 7)의 일이다. 그는 후삼국이 통합되는 936년(태조 19)까지 12년간 태조를 수행했고, 이후 재위 기간이 끝날 때까지 각종 현안에 대해 조언하는 역할을 했다.

최지몽처럼 꿈을 잘 풀이한 것으로 유명한 인물로 구약 성경에 나오는 요셉을 들 수 있다. 수천 년 전 인물인 그는 시기심 많은 형들에 의해 상인에게 팔려 노예 신분으로 애급(埃及, 이집트)에 끌려왔다. 여러 차례 해몽에 성공해 왕을 만나게 된 요셉은 마침내 왕의 꿈을 풀이해 애급을 위기에서 구하고 총리대신에 오른다.

최지몽 역시 해몽으로 고위직에 올랐다는 점에서 한국판 요셉이라 할 만하다. 요셉은 신의 뜻과 섭리를 잘 따르면 반드시 신의 선택과 축복을 받는다는 기독교 신앙원리에 가장 충실한 인물로 설정되어 그의 이야기가 성경으로 전해졌다. 그러나 야사에나 나올 법한 최지몽의 해몽 이야기가 정사(《고려사》)에 당당히 실린 까닭은 무엇일까? 고려시대 사상과 이념의 풍토가 어떠했기에 그랬을까?

최지몽이 출생하기 전 태조 왕건이 꾼 꿈 이야기가 전한다. 906년 궁예의 부하로 있던 30세의 왕건은 바다 위에 세워진 금으로 된 9층탑에 직접 올라간 꿈을 꾸었다.(《고려사》권1 태조 총서) 9층탑 꿈 이야기는《고려사》의 '이의민 열전'에도 보인다. 고려 무신정권 최고 권력자였던 이의민(李義旼, ?~1196)이 어렸을 적에, 그의 아버지 이선(李善)은 꿈속에서 아들이 푸른 옷을 입고 황룡사 9층탑을 오르는 것을 보았다. 그는 아들이 귀한 사람이 될 것이라 예견했다고 한다.(《고려사》권128 이의민 열전)

9층탑은 귀한 신분이라는 의미 외에도 천하통일이라는 상징성을 갖는다. 황룡사 9층탑이 만들어진 계기를 설명하는《삼국유사》의 한 대목을 보자. 자장(慈藏, 590~658)은 당나라에서 만난 보살에게서 신라에 9층탑을 세우면 이웃나라가 항복하고, 9한(韓)이 조공할 것이라는 말을 듣는다. 신라로 돌아온 자장은 선덕여왕(善德女王, ?~647, 재위 632~647)에게 9층탑 건립을 청했고, 645년(선덕여왕 14) 황룡사 9층탑이 세워진다.(《삼국유사》권3) 이후 신라는 삼국을 통일한다.

삼한 통합을 예견한 도선과 최지몽

9층탑 꿈 이야기가 태조 왕건의 건국설화로 미화되고 해몽에 능한 최지몽이 발탁된 사실은, 고대 시기 제왕학의 지위에 있던 점성술이 고려 건국 무렵에도 성행했음을 알려준다.

태조 왕건의 미래를 예언한 또 한 명의 인물이 있었다. 바로 도선(道詵, 827~898)이다. 왕건이 출생하기 한 해 전인 876년 도선은 왕건의 아버지 왕융과 함께 송악산에 올라가 산수를 둘러본 후 이렇게 말했다.

"내년에 성스러운 아들을 낳을 것입니다. 이름을 왕건(王建)이라 지으시오."

도선은 왕융에게 '백 번 절하며 미래 삼한을 통합할 군주(未來統合三韓之主)이신 대원군자(大原君子)께 삼가 글월을 바칩니다.'라고 적은 봉투를 주었다. 그는 왕건이 후삼국 통합 군주가 될 것을 예언한 것이다.(《고려사》권1 태조 총서)

약 17년이 지난 893년, 왕건이 17세 되던 해 도선은 그에게 군사 출동과 군진 배치 방법, 천시(天時)와 지리(地理)의 법을 알려준다. 10여 년이 지난 906년 궁예의 장수였던 왕건은 9층 금탑에 오르는 꿈을 꾸고 난 후 대망을 품었다. 그리고 924년(태조 7) 후삼국 통합을 예언한 최지몽과의 만남으로 왕건은 날개를 달게 되었다.

재미있는 사실은 도선과 최지몽이 영암 출신의 동향이라는 점이다. 원래 후백제 견훤의 영역인 영암은 나주와 함께 중국, 일본으로 연결되는 서남해 일대 해상교통의 요충지로 외래 문물과 접촉이 빈번한 곳이었다.

벼슬이 원보(元甫, 향직 4품)인 최지몽의 아버지 최상흔(崔相昕)은 성품이 청렴하고 인자했으며 총명하고 배우기를 좋아했다. 벼슬이 대광(大匡, 향직 2품)인 최지몽의 스승 현일(玄一)은 천문과 복서(卜筮)에 정통했다고 하니, 최지몽의 천문 점성술 재능은 스승에게서 전수했을 것이다. 부친과 스승 모두 고위 향직을 갖고 있는 것으로 보아, 영암 최씨 일족은 이 지역의 유력층이었다. 이들은 해상교통의 요충지라는 이점을 이용해 해상무역에 종사했고, 부를 축적하여 유력 가문으로 성장할 수 있었던 것이다.

외래 문물과 접촉이 잦은 영암의 지역 특성상 당나라로 유학해 선진 학문을 수학한 인물들도 있다. 도선도 당나라에 가서 풍수지리설을 익혔

전남 영암군의 백의암 도선이 당나라 황제를 만나러 가는 길에 옷을 던지며 "만약 내가 살아 있으면 이 바위가 하얗게 있을 것이다."라고 말했다고 한다. 지금까지 하얀색을 유지하고 있어 백의암으로 부른다는 이야기가 전한다.

다. 이곳 출신 동진대사(洞眞大師) 경보(慶甫, 869~948)는 일찍이 성주산의 무염(無染)과 굴산사의 범일(梵日) 문하에서 선을 닦았는데, 892년 당나라에 가서 선법을 닦은 후 921년 귀국했다. 후백제 견훤은 그를 전주남복선원(南福禪院)에 머물게 하고 스승으로 삼았다. 936년 후삼국을 통합한 태조는 경보를 왕사로 삼았다. 또한 그는 태조 왕건 사후에도 혜종과 정종의 왕사가 되었다. 견훤과 왕건의 추앙을 받은 경보는 도선, 최지몽과 함께 고려 초기 국왕과 왕실에 영향을 미친 또 한 명의 영암 출신 인물이었다. 태조와 연결된 경보를 통해 최지몽이 추천되었을 가능성도 없지 않다.

최지몽

영암이 후백제 견훤의 영역이었음에도 불구하고 이 지역 출신 인물들이 왕건과 연결된 것은 주목할 만하다. 왕건이 궁예의 장수로서 나주와 영암 지역을 정벌한 것이 연결의 직접적인 계기가 되었다. 903년 왕건은 이 지역 정벌에 나서, 금성군(錦城郡, 정벌 후 나주로 개명)과 주변 군현 10여 개를 빼앗는다. 견훤이 다시 나주를 점령하자, 왕건은 909년부터 912년까지 대대적인 반격을 가해 이 지역을 확보한다. 다음은 910년에 벌어진 유명한 나주해전의 장면이다.

> (왕건의 군사가) 나주 포구에 이르자 견훤이 직접 군사를 인솔하고 전함을 벌려놓았다. 목포에서 덕진포에 이르기까지 육지와 바다의 앞뒤 좌우로 배치된 군대의 위세가 대단했다. 여러 장수가 두려워하자 왕건은 "근심할 것 없다. 싸움에 이기는 것은 마음을 합하는 데 있지 숫자가 많은 데 있는 것이 아니다."라고 했다. 군사를 내어 급히 공격하자 적의 군함이 뒤로 물러났다. 이때 바람을 이용해 불을 지르자(乘風縱火) 불에 타고 물에 빠져 죽는 자가 태반이었다. 500여 명의 머리를 베거나 사로잡자 견훤은 조그마한 배를 타고 도망쳤다.
>
> ─《고려사》 태조 총서

해전이 이루어진 곳은 지금의 목포와 영암 앞바다이다. 《신증동국여지승람》에 따르면, 덕진포는 영암군의 포구이다. 아마도 이 해전을 전후해 왕건과 영암 최씨 집안이 연결되었거나, 이 집안이 왕건의 해전 승리에 일정한 영향을 미쳤을 것이다. 즉, 나주해전의 승리는 해상무역으로 자본과 힘을 축적한 이곳 출신 해상 세력인 영암 최씨 일가의 협조가 뒷받침되어 있었던 것이다. 최지몽의 아버지와 스승 현일이 고려의 고위 향직을 가진 것도 해전 승리에 공을 세운 것과 관련이 있을 것으로 추정된다. 최지몽은 이러한 가문의 배경과 후광 속에서 왕건의 측근 참모로 중앙 정계에 진출할 수 있었다.

점성술과 유학이 공존하다

최지몽은 18세인 924년(태조 7) 천하통일을 예언하여 태조 왕건에게 발탁된 뒤 81세인 987년(성종 6)에 사망할 때까지 태조, 혜종, 정종, 광종, 경종, 성종 등 6명의 국왕을 63년간 보좌한다. 국왕의 혈육으로 따진다면 혜종, 정종, 광종은 태조의 아들이며 경종과 성종은 태조의 손자이다. 최지몽은 요즘 말로 하면 할아버지에서 손자까지 3대에 걸쳐 6명의 국왕을 모신 왕실 원로였다.

최지몽의 역할은 국왕을 단순히 보좌하는 것에 그치지 않았다. 그는 왕규의 모반을 막아 혜종과 그의 형제인 정종, 광종의 목숨은 물론이고, 광종의 아들인 경종의 목숨도 구했다. 그는 죽을 때까지 왕실의 참모이자 조력자 역할을 충실히 수행했다.

왕조 창업과 전쟁, 반란 등 험난한 시기일수록 온전히 관료로서의 삶을 마치기는 쉽지 않다. 더욱이 왕실과 국왕을 위태롭게 하는 모반의 조짐을 예견하고 조언하는 천문 점성술사들은 주변의 시기와 견제로 평탄한 삶을 살기가 어렵다.

최지몽은 귀법사(歸法寺) 행차에 광종을 수행했는데, 그곳에서 열린 연회에서 술에 취해 무례한 행동을 했다는 이유로 11년간 유배되었다고 한다. 광종의 정책에 대한 불만이 유배의 원인으로 작용한 것 같다. 즉,

중국의 선진 문물인 과거제와 관료제를 도입하고 그것을 효율적으로 운영하기 위해 중국의 문사들을 적극 유치했던 광종에게, 점성술과 같은 고려의 토속과 전통을 중시한 최지몽의 존재는 거추장스러웠을 것이다. 최지몽은 그러한 이유로 유배되었던 것이다.

그러나 최지몽이 복권되어 관료로서 장수한 사실은 천문 점성술이 당시 사상계에서는 물론 정치에서도 중요한 역할을 수행했음을 역설적으로 보여준다. 도선의 존재도 그러한 사실을 뒷받침한다. 중세에서 고대로 시기를 거슬러 올라갈수록 천문 점성술은 왕실의 운명을 예언하고 보호하며, 제왕의 통치와 교화 능력을 향상시키는 제왕학(帝王學)의 지위를 갖는다. 도선과 최지몽의 활약은 천문 점성술이 고려 초기 사상문화의 측면에서 특별한 지위를 누렸음을 잘 대변해준다.

최지몽과 같이 태조 대에 발탁되어 성종 대까지 6명의 국왕을 보좌한 인물이 또 있다. 바로 최승로(崔承老, 927~989)이다. 유학에 능통한 그는 유교이념을 고려왕조의 통치이념으로 만들기 위해 노력했다는 점에서 최지몽과 대조적이다.

《삼국유사》에 따르면 그의 출생과 성장은 매우 극적이다. 자식이 없던 최은함(崔殷諴)이 중생사(衆生寺) 관음보살상에 기도해 얻은 아들이 최승로이다. 927년 후백제 견훤이 경주로 쳐들어오자 최은함은 생후 3개월도 되지 않은 아들을 이 절의 관음보살 아래 감추고 몸을 피했는데, 보름이 지나 견훤의 군사들이 물러간 뒤 절에 갔더니 아이가 그대로 살아 있었다고 한다.(《삼국유사》 권3 탑상조) 최은함은 경순왕을 따라 태조 왕건에게 귀순했고, 개경에 정착한 지 3년 만에 최승로는 태조 왕건의 부름을 받는다.

최지몽 유허비 해몽과 천문 점성술로 왕실의 운명을 예언한 최지몽의 유허비다. 전남 영암군 군서면에 있다.

최승로는 총명하고 민첩했으며 학문을 좋아하고 문장을 잘 지었다. 12
세 때(938) 태조 왕건의 부름을 받았다. 태조는 최승로에게 《논어》를 읽
게 했는데, 그의 뛰어난 재능에 감탄해 소금밭(鹽盆)을 하사했다. 또한
그를 왕의 교서와 외교문서 등을 짓는 원봉성(元鳳省) 학생으로 소속시
키고, 말안장(鞍馬)과 녹봉 20석을 주었다.

—《고려사》 권93, 최승로 열전

최승로는 최지몽과 달리 경전과 유학에 뛰어난 재능을 보여 발탁되었
다. 이후 성종 대까지 그는 고려의 학술과 문장을 관장하는 최고 책임자
의 지위를 누린다. 983년(성종 2) 최승로가 성종에게 올린 〈시무 28조〉는

그의 사상과 당시 고려사회를 이해하는 데 귀중한 자료이다. 성종은 중국의 선진 문물을 수용해 고려의 정치제도를 완비했는데, 최승로는 성종을 보좌해 유교 정치이념을 뿌리내리는 데 크게 공헌했다.

최승로는 유학과 문장의 재능으로, 최지몽은 천문 점성술로 각각 태조 왕건에게 발탁되어 천수를 누리면서 관료로서 성공의 길을 걸었다. 현실주의 경향이 강한 유학과 현재와 미래의 운명을 관장한 천문 점성술은 근본적으로 다른 성향의 사상과 이념이다. 그럼에도 불구하고 두 사람이 60년 동안이나 고려 조정에서 함께 일하고 고위직까지 오를 수 있었던 까닭은 무엇일까?

후삼국 전쟁이 한창일 무렵 태조 왕건이 풍수지리와 불교에 관심을 기울이자, 문신 최응(崔凝)이 왕건에게 "왕이 된 자는 전쟁 때 반드시 유교이념을 닦아야 합니다. 불교나 풍수지리 사상으로 천하를 얻을 수는 없습니다."라고 건의했다. 이에 태조 왕건은 "지금 전쟁이 그치지 않아 한 치 앞의 편안함과 위태로움도 알 수 없다. 백성들은 두려워 어찌할 바를 몰라 부처님을 비롯해 산수의 신령한 도움을 청하려 하는 것이다. 어찌 이런 사상으로 나라를 다스릴 수 있겠는가? 전쟁이 그쳐 편안해지면 유교이념으로 풍속을 고치고 백성을 교화할 것이다."라고 했다.

― 최자(崔滋), 《보한집(補閑集)》 권상

왕건이 전쟁 후 유교이념으로 백성을 교화할 것이라고 한 말은 유교 관료 최응의 입장을 배려한 것이다. 사실 왕건은 유교이념에만 매달리지 않았다. 전쟁의 참화로 인한 하층민의 고통을 없앨 수 있다면 불교와 풍수지리 사상도 적극 수용하겠다는 것이 그의 생각이었다. 그에게 유교,

불교, 풍수지리 사상은 서로 달라 충돌하는 배타적인 대상이 아니었다. 그러한 점은 그가 남긴 〈훈요십조〉에서 불교, 유교, 풍수지리, 도교 등 다양한 사상의 수용과 공존을 강조한 사실에서도 확인할 수 있다. 이렇듯 다양한 사상이 공존할 수 있는 터전은 고려 초기에 이미 마련되어 있었다. 천문 점성술에 밝은 최지몽이 역사인물로서 오늘까지 전해진 것은 이와 같이 통합과 공존, 다원성을 추구한 고려시대 사상과 이념의 특성 때문이다.

* (출생 연도 미상)

1280년(충렬왕 6) 원 세조의 칙명을 갖고 귀국.

1281년(충렬왕 7) 역관으로 원나라에 가서 2차 일본 원정 실패 보고.

1287년(충렬왕 13) 역관으로 공을 세워 3품으로 승진. 고향 고이부곡이 고흥현으로 승격됨.

1291년(충렬왕 17) 충선왕과 함께 원 세조를 만나 동성불혼(同姓不婚)의 조칙을 받음.

1292년(충렬왕 18) 세자(충선왕), 정가신과 함께 원 세조를 만나 일본 정벌에 관해 논의.

1297년(충렬왕 23) 세자(충선왕)의 요청으로 동지밀직사사(종2품)로 재상이 됨.

1298년(충렬왕 24) 충선왕 즉위(1월). 광정원부사에 임명됨. 충선왕 퇴위, 충렬왕 복위(8월)

1304년(충렬왕 30) 최유엄과 함께 원 중서성에 충선왕의 환국을 요청.

1307년(충렬왕 33) 충선왕, 원나라 무종 옹립. 원 황제에 의해 '청신'으로 개명.

1310년(충선왕 2) 충선왕, 심양왕 겸직. 유청신, 고흥부원군에 봉해짐.

1323년(충숙왕 10) 원나라 영종 황제 피살, 진종 즉위. 오잠과 함께 입성론 제기.

1329년(충숙왕 16) 원나라에서 사망.

유청신

신분 상승의 사다리에 올라탄 역관

간신의 오명을 뒤집어쓴 유청신

영어 공부의 붐이 식을 줄 모르는 오늘날처럼, 외국어 습득이 신분 상승의 사다리 역할을 하던 때가 우리 역사에 또 있었다. 세계제국 원나라의 지배를 받던 700년 전 고려사회에서는 몽골어가 각광을 받았다. 그 예로 역관 유청신(柳淸臣, ?~1329)이라는 인물에 주목해보자. 역관은 사신을 따라 외국에 가서 통역을 담당하는 기능직이다.

유청신은 몽골어 역관 신분에서 최고위직 시중의 반열에까지 올랐고, 고려 국왕은 물론 원나라 황제 쿠빌라이(1215~1294, 재위 1260~1294)의 총애를 받았다. 유청신이라는 이름을 지어준 사람도 쿠빌라이로, 황제의 총애를 받은 구체적인 흔적이다. 유청신은 최하층 양인의 부곡인 출신이었다. 1323년(충숙왕 10) 1월 그는 고려를 원나라에 편입시키자는 이른바 입성론을 황제에게 제기해 주목을 받았다.

"앞장서서 입성책(立省策)을 제안한 유청신과 오잠은 고려에서 재상을 지낸 자들입니다. 남을 헐뜯고 이간질을 하다 왕에게 죄를 지은 두 사람은 모국을 뒤엎어 자신들의 안전을 도모하려는 자들입니다. 입성책을 제안한 그들은 애초부터 우리나라(원나라)에 충성을 바칠 마음이 없었습니다. …… 더욱이 원나라와 고려는 의리상 군신관계이며, 혈연상 장인-사위 관계입니다. 두 나라는 편안함과 위태로움, 즐거움과 괴로움을 함께해왔습니다. 미치광이 같은 두 사람의 말을 받아들여 국왕을 팔아먹고 스스로를 팔아 출세하려는 그들의 간사한 꾀가 통하게 되면 정치와 교화가 크게 잘못될까 두렵습니다. 제가 두 사람의 입성책에 반대하는 여섯 번째 이유입니다."

—《고려사》권125, 유청신 열전

위의 글은 왕관(王觀)이 원나라 재상에게 유청신의 입성론에 반대하여 올린 것이다. 왕관은 통사사인(通事舍人)이라는 관직을 역임한 원나라 사람이다. 직책으로 보아 그는 외교와 통역 업무를 담당해 고려인을 상대한 인연이 있고, 그 사정을 잘 알아 반대 상소를 올린 것으로 보인다. 그는 유청신 등은 원나라를 위한 충정이 아니라, 고려 국왕 충숙왕에게 지은 죄를 모면하기 위해 입성론을 제안한 것이라고 주장했다.

유청신 등이 제기한 입성론의 내용은 전하지 않는다. 다만 왕관의 글에 따르면 유청신 등이 제기한 입성론은 그 이전의 것과는 성격이 달랐다.

이전의 입성론은, 일본 정벌을 위해 원나라가 고려에 설치한 정동행성(征東行省)이 고려 내정을 간섭하고 지배하는 기구로 점차 성격이 변질됨에 따라, 정동행성 대신 원나라 중서성의 분성(分省)인 행중서성(行中書省, '행성'이라고 부른다)을 설치하자는 정도였다. 그러나 유청신이 제기

유청신은 원나라에서 처음 호두나무를 가져와 심었다는 이야기로도 유명하다. 충남 천안시 광덕면의 광덕사에는 그가 심었다고 전하는 호두나무(천연기념물 제398호)와 함께 '유청신선생 호도시식지'라고 적힌 비석이 있다.

한 입성론은 고려의 국호와 국체를 부정하고 고려를 원나라의 일부로 편입시키자는 것이었다. 때문에 그의 입성론은 원나라 사람 왕관의 문제 제기에 앞서 고려 조정에서도 큰 문제가 되었다.

유청신과 오잠 등은 (입성론을 제기한 것 때문에) 두려워 귀국할 수 없었다. 유청신은 원나라에 9년을 머물다가 죽었다. 그는 배우지 못해 아는 것이 없었다. 임기응변에 능했고, 권세가에 의지해 권력을 농단함으로써 나라에 큰 해를 끼쳤다. 당시 묘부곡(猫部曲, 유청신 고향) 사람이 조정에

서 벼슬을 하면 나라가 망한다는 참설이 떠돌았다. 묘부곡은 또한 고이
부곡(高伊部曲, 고이는 '고양이'의 방언)으로 불렸다. 유청신의 아들 유유기
(柳攸基)는 관직이 판밀직사(判密直事, 종2품)였다. 유유기의 아들 유탁(柳
濯)은 따로 열전이 있다.

—《고려사》 권125, 유청신 열전

위의 글은 《고려사》 찬자인 조선 초기 역사가의 유청신에 대한 평가
이다. 묘부곡(혹은 고이부곡) 출신이 벼슬을 하면 나라가 망한다는 참설을
소개했다. 고려의 정체성을 말살하려 한 유청신의 입성론을 비판하기 위
해 이와 같은 참설을 소개한 것이다. 그 때문에 입성론을 제기한 유청신
을 《고려사》의 〈간신전(姦臣傳)〉에 실었다.

당대인의 평가는 어떠했을까?

유청신은 조선 초기 역사가의 평가대로 정말 간신이었을까? 고려시대
당시의 평가는 어떠했을까? 다음의 글이 그러한 의문을 풀어줄 단서가
된다.

1366년(공민왕 15) 5월 시중 유탁(柳濯)이 운영하던 진종사(眞宗寺) 공사
가 끝났다. 낙성식에 승려 33명을 초청해 화엄법회를 열었다. 공민왕도
향과 물품을 보냈다. 장안의 공경진신들이 달려와 축하했다. 10일 동안
열린 법회에 빈자리가 없을 정도였다. …… 생각건대 영밀공(英密公, 유
탁의 조부 유청신)은 지원(至元, 황제 쿠빌라이의 연호) 연간(1264~1294) 커다

란 명성을 얻었다. 그 후 충선왕과 충숙왕 때 13년간 재상을 역임했다. 유청신은 일찍이 이 사찰(진종사)을 중건했고, 그의 무덤도 이 절의 서쪽 언덕에 있다. 자손들이 세시 때마다 성묘했으나, 절이 오래되어 허물어지려 했다. 손자 유탁은 이를 걱정해, "못난 손자가 선조의 자취를 계승할 수 있게 된 것은 조부께서 아름다운 터전을 만들어놓아 우리가 그 혜택을 받고 있기 때문이다. 더욱이 이 절은 할아버지 묘역 안에 있으니, 사찰을 새로 짓고 할아버지의 화상(畫像)을 모셔 그 은혜에 보답하는 제사를 지내야 한다."고 했다.

—《목은문고》권1, 진종사기

시중 유탁(柳濯, 1311~1371)이 유청신의 원찰인 진종사를 수리해 낙성식을 한 사실을 목은 이색이 기록한 글이다. 위 글에 따르면, 1329년 원나라에서 사망한 유청신은 그가 생전에 중건한 이 사찰에 묻혔다. 그가 죽은 지 37년 만에 유탁은 할아버지의 덕업(德業)을 계승하기 위해 사찰을 새롭게 단장했던 것이다.

이색은 위의 글에서 유청신은 충선왕과 충숙왕 시절 13년 동안 재상을 지내 명성을 얻은 인물이라고 평가했다. 공민왕도 낙성식에 향과 물품을 보냈고, 당시 장안의 공경진신이 참석해 10일간 법회를 열었다고 한다. 《고려사》찬자의 평가대로 유청신이 당시 간신으로 몰렸다면 그를 기리기 위해 사찰을 새로 단장하고 법회를 여는 일은 불가능했을 것이다. 더욱이 유청신 사후 약 40년이 지난 시점에도 국왕이 관심을 보일 정도로 그에 대한 평가가 각박하지 않았던 것이다.

이색은 1379년(우왕 5) 무렵 유청신을 기려 다음과 같은 시를 남겼다.

유청신

영밀공(유청신)이 원나라에서 부지런히 달려오니	英密西來一騎塵
국왕은 서울에서 정사에 전념하네.	君王在鎬政凝神
원 황제가 내려준 금패가 번쩍이는 관복이 따뜻하구나.	金符照耀衣安燠
국왕을 뵈올 때는 기쁜 기운이 새롭구나.	上謁君門喜氣新

—《목은시고》권16,〈인하여 두 시중을 읊다(因詠兩侍中)〉중에서

이색은 유청신이 고려와 원나라를 부지런히 오가면서 두 나라의 현안을 잘 처리해 원나라 황제와 고려 국왕의 신임을 얻은 사실을 칭찬하고 있다. 물론 간신을 위해 그러한 시를 지을 리는 없었을 것이다.

신분의 한계를 뛰어넘어 역관이 되다

유청신은 양인의 최하층 사람들이 거주하는 부곡 지역 출신이다. 부곡인은 군현 지역에 거주하는 주민과 같은 양인 신분으로서, 국가에 조세와 역을 부담한 공민(公民)이었다. 그러나 국가에 죄를 지은 지역의 주민들은 부곡인으로 묶여 특정의 역을 추가로 부담했다. 그 때문에 그들은 사회경제적으로 빈곤하고 열악한 처지에 있었다. 부곡인의 처지에서 벗어나서 신분 상승을 하는 것은 현실적으로 매우 어려웠다. 그럼에도 불구하고 부곡 출신인 유청신이 몽골어 역관이 되고, 나중에 고위직에 오를 수 있었던 까닭은 무엇일까?

유청신의 처음 이름은 유비(柳庇)이다. 유비라는 이름이《고려사》기록에 처음 나온 것은 1280년(충렬왕 6)이다. 이해 5월 왜구가 합포에 침입해 어부들을 납치하자, 고려는 이 사실을 원나라에 보고한다. 다음해에 2차

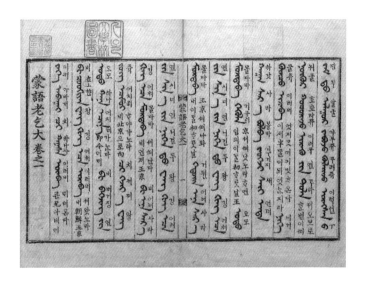

《몽어노걸대(蒙語老乞大)》 조선시대 역관의 학습과 역과시용을 위해 간행된 몽골어 회화책이다.

일본 원정을 앞둔 원나라에게 왜구의 동태는 매우 민감한 사안이었기 때문에 특별히 황제에게 보고한 것이다. 황제는 고려 군사로 왜구를 방어하라는 조칙을 내렸는데, 이 조칙을 갖고 온 사람이 바로 유비이다.

1281년(충렬왕 7) 7월 몽골과 고려 군사들이 태풍으로 일본 정벌에 실패하자, 유비는 이 사실을 황제에게 보고하기 위해 원나라에 간다. 이때 그의 관직은 무반직인 낭장(郎將, 정6품)이었다. 참고로 당시 역관에게 내려진 관직은 대부분 무반직이었다.

그는 1280년부터 1304년(충렬왕 30)까지 24년간 역관으로 원나라를 오갔다. 이후에는 고위 관료의 자격으로 국왕을 수행하여 원나라에 갔다. 1329년(충숙왕 16) 사망할 때까지 그는 역관으로서 때로는 고위 관료로서 고려와 원나라를 이어주는 가교 역할에 충실했다.

유청신이 역관으로 처음 활동한 시기는 고려가 원나라의 부마국이 되어 두 나라의 관계가 돈독해지기 시작한 때다. 당시 고려와 원나라 연합군의 일본 원정, 만주 일대에 근거를 둔 원나라 황족 내안(乃顏)의 반란, 내안의 부하였던 합단(哈丹)의 고려 침략 등 여러 사건이 있었고, 충렬왕과 충선왕 부자의 갈등이 드러나기도 했다. 이런 와중에 유청신은 역관으로서 두 나라 사이의 갈등을 완화하고 안정시키는 역할을 충실하게 수행했다. 그러던 중 고려 국왕의 신임을 얻기 시작하면서 권력의 중심부로 다가갈 기회를 잡는다.

> 유청신의 처음 이름은 비(庇)다. 장흥부에 소속된 고이부곡 출신이다. ……
> 나라 제도에 부곡인은 공을 세워도 5품을 넘을 수 없었는데, 유청신
> 은 몽골어를 잘해 여러 차례 원나라에 사신으로 가서 일을 잘 처리했
> 기 때문에 충렬왕의 사랑을 받았다. 충렬왕은 특별히 교서를 내려, "유
> 청신은 조인규를 따라 힘을 다해 공을 세웠다. 출신을 따지자면 그는
> 5품에 머물 수밖에 없으나, 특별히 3품의 벼슬을 내린다."고 했다. 또 그
> 의 출신지 고이부곡을 고흥현(高興縣)으로 승격했다.
>
> —《고려사》 권125, 유청신 열전

부곡인은 제도상 5품 이상 관직에 오를 수 없었다. 그러나 국왕은 예외 규정을 만들어 유청신을 3품인 대장군으로 승진시켰다. 그해 만주 지역에서 황족 내안이 반란을 일으키자, 원나라 황제는 고려 국왕에게 출정을 명했다. 국왕의 출정 사실을 알리러 원나라에 간 유청신이 출정을 중지하라는 황제의 명령을 가지고 귀국했다. 직접 출정해야 한다는 부담으로 노심초사하던 국왕에게 황제의 출정 정지 명령을 가져온 유청신의 귀

국은 커다란 기쁨이었다. 국왕은 규정을 바꾸면서까지 그를 3품으로 승진시켰고, 게다가 유청신의 출신지 고이부곡을 고흥현으로 승격시켜 주민들까지도 무거운 조세 부담에서 벗어나게 해주었던 것이다. 1287년(충렬왕 13)의 일이다.

쿠빌라이 황제의 총애를 받다

유청신은 1297년(충렬왕 23) 동지밀직사사(同知密直司事, 종 2품)로 승진해 마침내 재상의 반열에 오른다. 그러나 재상이 되기 전 그는 세자 시절의 충선왕을 보필하는 측근이었다. 또한 세자 충선왕을 모시고 원나라 황제 쿠빌라이를 알현해 정치 현안을 논의할 정도로 황제의 총애를 받았다.

세자(충선왕)가 황궁 자단전(紫檀殿)에서 황제를 뵈었다. 정가신과 유비가 세자를 수행해 함께 갔다. (원나라의) 정우승(丁右丞)이란 자가 "강남(옛 남송)의 전함은 크지만 선체가 약해 적선과 부딪치기만 하면 부서져 버려 일본 정벌에 실패했습니다. 만약 고려국에 고려선을 제작하게 하여 다시 정벌한다면 일본을 정복할 수 있습니다."라고 건의했다. 황제가 일본 정벌에 대해 묻자, 홍군상(洪君祥)은 "군사를 일으키는 것은 큰일이므로 먼저 사신을 파견해 고려의 의사를 타진한 후 정벌하는 것이 옳습니다."라고 답했다. 황제는 그렇게 하자고 했다.

—《고려사》 권30, 충렬왕 18년(1292) 8월

유청신

지난 1291년(충렬왕 17) 나(충선왕)는 정가신, 유청신과 함께 자단전에 가서 "같은 성끼리 혼인을 할 수 없는 것은 천하의 이치이다."라는 황제의 조칙을 받았다.

—《고려사》권33, 충선왕 복위년(1308) 11월

쿠빌라이 황제는 외손자 충선왕을 특별히 아꼈다. 그러한 충선왕을 모시고 황제를 알현할 정도로 유청신은 권력의 핵심에 다가서 있었다.《고려사》에는 유청신이란 이름이 충선왕 복위년인 1308년 처음 나타난다. 다른 기록(이색의 〈유청신 묘정비〉)에 따르면, 쿠빌라이 황제가 그에게 유청신이라는 이름을 내려 개명하게 했다고 한다. 황제의 신임을 받았다는 증거이다.

유청신이 황제의 총애를 받은 또 다른 원인은 다민족, 다언어 제국이었던 원나라가 통번역을 중시한 데 있다. 다양한 종족으로 구성된 지배층과 다양한 민족을 통치했던 원나라의 지배구조상 현지와의 소통을 위해 현지어를 몽골어로 옮기거나 그 반대의 작업을 하는 것이 필요했다. 원나라는 통번역을 전담하는 인원을 조직적으로 양성하고 그런 능력을 가진 사람을 중시했다. 당시 통역원을 '켈레메치(kelemechi) 통사(通事)', 번역원을 '비체치(bichechi) 역사(譯史)'라고 했다. 유청신이 활동하던 대덕(大德) 연간(1297~1307)에 통번역 관료가 전체 관료의 4.29퍼센트(1,147명)를 차지할 정도였고 이들은 좋은 대우를 받았다. 고려도 원나라의 정책에 부응해 1274년(충렬왕 즉위년) 역관을 양성하는 사역원(司譯院)을 설치했다.[1]

대를 이어 가문의 영광을 누리다

부곡인 출신의 역관인 유청신이 출세한 이후 아들 유기(攸基), 손자 탁(濯)이 모두 재상으로 발탁되었다. 유유기는 밀직사(密直司, 중추원)의 최고위직인 판사(종 2품)를 역임한 사실 외에 별다른 기록은 없다. 유탁은 공민왕 때 무공을 세워 관료 최고의 지위인 시중의 자리에 오른다.

유탁은 1354년(공민왕 3) 원나라에 반기를 든 장사성(張士誠)을 진압하는 고려군의 부사령관으로 참전해 전공을 세웠다. 1361년(공민왕 10) 홍건적이 침입했을 때는 공민왕을 안동까지 수행했고, 개경을 수복해 일등공신에 책봉되었다. 1363년(공민왕 12)에는 공민왕을 폐위하고 덕흥군을 세우려는 원나라의 군사를 물리치기도 했다.

유탁은 이같이 공민왕을 위기에서 구해 왕권을 안정시키는 데 공헌했지만, 조야의 반대를 무릅쓰고 무리하게 노국공주의 영전(影殿) 공사를 강행한 공민왕을 비판하다 죽임을 당할 정도로 성품이 강직했다. 이색은 시를 지어 그러한 유탁을 칭송했다.

> 시중(유탁)이 세운 공은 비교할 수 없을 정도이니　　　侍中功業近無雙
> 세상을 주무른 영웅들이 모두 시중에게 항복했네.　　並世英雄盡乞降
> 하루아침에 요망한 중(신돈)의 독배를 받았네.　　　一旦鷲翁成鴆毒
> 원한을 씻으려면 장강의 물을 퍼내야 하리.　　　　洗冤應是挹長江
> ──《목은시고》 권16,〈인하여 두 시중을 읊다〉 중에서

또한 유탁은 합포 만호로서 순천 장생포(長生浦)를 침략한 왜구를 격퇴했다. 이에 기뻐한 군사들이 〈동동(動動)〉이라는 곡을 지어 그의 은덕

을 찬미한 가사가 전해지고 있다.

유탁이 합포 군사를 이끌고 합류하자	柳節制來合浦軍
남쪽을 도적질하던 왜구가 그 기세를 보고	望風南寇散如雲
구름같이 흩어졌구나.	
전전긍긍하던 군사들이 서로 공을 칭송하며	憧憧人士爭相頌
기뻐하여 동동이라는 노래를 지었네.	喜動成歌動輒動

— 이유원,《임하필기(林下筆記)》권38, 해동악부(海東樂府),〈동동〉

유탁의 동생 유준(柳濬, 1321~1406)은 태조 이성계의 막료로서 위화도 회군에 동참했다. 그 공으로 조선 건국 후 원종공신에 책봉되었고 그의 딸은 태조의 후궁인 정경궁주(貞慶宮主)가 되었다. 고려시대에는 대개 3대에 걸쳐 5품 이상 관료를 배출하면 귀족가문이라 했다. 3대에 걸쳐 재상을 배출한 고흥 유씨 일가는 고려 후기 신흥 권문세족이 되었다.

유청신은 왜 간신전에 실렸을까?

12세기 후반 무신 권력자들의 불법적인 토지 탈점과 공물 수탈에 시달린 하층민들이 무신정권에 대항해 전국에서 봉기와 항쟁을 일으켰다. 이들의 봉기와 항쟁은 무신정권이 붕괴하는 데 일정한 기여를 했다. 무신정권이 붕괴되고 원나라가 고려를 지배하면서 고려는 정치, 경제, 사회 등 모든 분야에서 커다란 변화를 겪었고, 이러한 변화는 도리어 하층민들에게 기회가 되었다.

일본 원정과 내란 등 전쟁에서 무공으로, 몽골어에 능통한 역관으로, 혹은 원나라 황실에서 환관이나 공주가 되어 고려와 원나라에서 새롭게 지배 권력층으로 편입하는 현상이 원 간섭기부터 나타나기 시작한다. 이같이 군인, 역관, 환관, 공주가 되는 것이 신분 상승의 주요한 통로였는데, 지배층이 아니라 부곡인 등 하층민이 그러한 통로를 이용했다. 그런 점에서 원 간섭기는 민초들이 신분의 제약에서 벗어나 지배층으로 진출할 수 있는 기회와 희망의 시기이기도 했다.

부곡인은 양인 신분이지만 일반 농민에 비해 차별을 받아 현실적으로는 노비와 비슷한 처지로, 양인과 천인 두 신분의 경계를 넘나드는 일종의 '경계인(境界人)'이었다. 서로 다른 세계를 넘나들고 경험한 경계인이야말로 자신들에게 가해진 사회적 규제와 통념을 극복하려는 계층의식이 어느 계층보다도 강했다. 고려와 원나라를 오갔던 역관 역시 경계인의 속성을 지니고 있었다.

이러한 시대 변화에 편승해 부곡인 출신의 역관인 유청신은 원나라 황제의 총애를 받는 등 권력층의 핵심에 다가갈 수 있었다. 원나라의 지배가 고려 기득권층의 자존심에 생채기를 주었을지언정, 잃을 것이 없는 하층민에게는 기회가 될 수 있었다.

그러나 사대부 중심의 정치질서를 구축하려던 조선 초기 역사가들에게 하층민의 지배층 진출은 결코 달갑지 않았다. 그들은 사농공상(士農工商)은 각자 고유한 역할이 있다는 이른바 사민(四民) 분업론 위에서 '사(士)' 계층만이 지배계층이 되어야 한다는 신분관을 갖고 있었다. 그것이 유청신이 간신전에 실린 이유일 것이다.

유청신

1267년(원종 8) 상주 중모현 출생.

1274년(원종 15, 8세) 세자, 원나라 제국대장공주와 혼인. 귀국 후 충렬왕으로 즉위. 방신우, 충렬왕 때 (연도 미상) 궁중 급사로 공주의 신임을 받음.

1289년(충렬왕 15, 23세) 공주를 따라 원에 가서 유성황후(원 성종의 모후)의 환관이 됨. 이름을 망고태 (忙古台)로 고침. 원에서 통봉대부(종2품) 천부대경에 임명됨.

1307년(충렬왕 33, 41세) 원 무종 황제 재위 중 수원황태후(원 무종의 모후)의 환관으로 정2품의 평장정 사에 임명(1311년까지).

1309년(충선왕 1, 43세) 방신우의 건의로 충선왕을 무고한 홍중희가 유배됨.

1310년(충선왕 2, 44세) 수원황태후를 위해 고려에서 금자장경(金字藏經) 제작. 중모군(中牟君)에 봉해짐.

1311년(충선왕 3, 45세) 부친 방득세, 상주목사가 됨.

1323년(충숙왕 10, 57세) 원 진종(태정제) 황제 재위 중 태자의 스승인 태자첨사 및 황후 재정기구인 휘 정원사에 임명(1328년까지). 유청신·오잠 등의 입성책을 막아 공신에 봉해짐.

1330년(충숙왕 17, 64세) 원에서 귀국해 선흥사(禪興寺) 중수.

1342년(충혜왕 복위 3, 76세) 다시 원에 감.

1343년(충혜왕 복위 4, 77세) 원에서 사망.

방신우

원 황실에서 고려를 지킨 환관

고려의 환관이 원나라에 간 까닭은?

　환관(宦官)은 남성의 기능이 거세된 사람을 말한다. 엄인(閹人) 또는 화자(火者, 고자)라고도 불린다. 환관은 궁정의 여러 사무를 처리했는데 궁녀와 함께 궁정을 유지하는 필수 요원이다. 또한 정치의 중심인 국왕 등과 밀접한 관계를 맺고 있어 정치와 떼려야 뗄 수 없는 존재이다. 역사 속 환관이 주목을 받는 것도 바로 이 때문이다.

　환관은 동서양을 막론하고 군주 전제정치가 이루어지는 곳에서는 항상 존재했다. 《고려사》에는 '환자(宦者)'의 열전이 편성되어 있으며, 모두 14명의 행적이 실려 있다.(《고려사》 권122, 환자전(宦者傳)) 첫 번째로 기록된 환관은 의종(毅宗, 고려 18대 국왕, 1127~1173, 재위 1146~1170) 때의 정함(鄭諴)이다. 그러나 정함이 고려 최초의 환관은 아니다. 환관은 통일신라 시대뿐 아니라 고려시대에도 초기부터 존재했다.

환관은 어떤 경로로 충원되었을까? 중국사의 경우 환관은 대체로 궁형(宮刑, 생식기능 제거)을 받은 죄인으로 충원되었다. 고려에서는 그런 형벌이 없었지만, 다음의 기록을 참고할 만하다.

고려 때 환관은 평민 또는 천한 노예의 후손들이다. 고려는 궁형을 사용하지 않았다. 어릴 때 개에게 물린 사람들이 환관이 되었다. 환관은 단지 궁중이나 궁녀에 관한 일을 맡았을 뿐, 참관(參官, 6품 이상 관원)이 될수 없었다.

—《고려사》 권122, 환자전 서문

위 기록에 따르면, 고려 때 환관은 어린 시절 사고로 거세된 사람들로 충원되었다. 또한 평민이나 천민 출신 등 신분이 미천한 사람들이었다. 환관은 6품 이상의 관직으로 승진할 수 없었다. 고려에는 승진에 제한을 두는 한품(限品) 규정이 있었는데, 환관은 궁중의 일을 맡는 남반(南班)직 7품까지만 승진할 수 있었다.

《고려사》에 기록된 14명의 환관 가운데 의종 때의 환관 2명을 제외하면, 모두 원 간섭기 이후에 활동한 환관이다. 다음의 기록이 참고가 된다.

일찍이 제국공주(齊國公主, 충렬왕비, 원나라 출신)가 원나라 세조에게 환관 몇 명을 바쳤다. 그들은 궁녀가 있는 곳(內宮)에서 시중을 들거나 궁중의 재정을 맡아 능력을 인정받았다. 황제의 조서를 갖고 고려에 와서는 자기 친족이 세금을 면제받게 하거나 가족에게 관직을 얻게 하는 등 많은 혜택을 받았다. 이를 부러워한 사람들은 요행을 바라고 아비가 아들을 거세시키거나 형이 동생을 거세시켜 환관으로 만들었다. 또 강퍅한 자들은 조금이라도 억울하고 화가 나면 곧바로 스스로 거세를 했다. 이로부터 수십 년도 채 되지 않아 거세한 자가 아주 많아졌다.

—《고려사》권122, 환자전 서문

위 기록에 따르면, 고려가 원나라의 지배를 받은 이후 환관의 수가 크게 증가했다. 또한 원나라 궁정에서 활동하며 황실의 총애를 받은 환관이 많았다. 이들은 원 황실을 배경으로 여러 가지 특권을 누렸는데, 이는 매우 특이한 현상이다. 고려 출신 환관이 원나라에 많이 진출한 것은 환관 개인의 능력이 뛰어나거나 원나라가 고려 출신 환관들을 선호한 측면도 있다. 그러나 그 근본 원인은 원나라가 이들을 고려에 대한 정치와 외교에 효과적으로 이용할 수 있었기 때문이다.

원나라 황태후의 환관이 되다

고려 출신 환관 방신우(方臣祐, 1267~1343)를 통해 원 간섭기 환관의 세계와 행적을 살펴보자. 환관은 대체로 평민이나 천민 출신이 많았지만 방신우는 향리 출신이다. 그의 아버지 방득세(方得世)는 상주 중모현(中牟縣, 상주시 모동면과 모서면 일대)의 향리였다.

방신우의 어릴 때 이름은 소공(小公)인데, 충렬왕 때 궁중에서 일하면서 이름을 신우(臣祐)로 개명했다. (제국대장) 공주는 성품이 엄격하고 분명해서, 주변에서 털끝만큼의 잘못이 있더라도 용시하지 않았다. 그러나 방신우만은 부지런하고 신중해서 날마다 신임을 얻었다. 1289년(충렬왕

25) 공주를 따라 원나라에 갔다. 동궁(東宮)을 뵙자, 유성황후(裕聖皇后)가 그를 보고 머물게 했다. 그에게 망고태(忙古台)라는 이름을 주었다.

— 이제현, 《익재난고》 권7, 〈광록대부 평장정사 상락부원군 방공사당비〉

(이하 '〈사당비〉')

유성황후의 환관이 되었을 때 방신우는 23세였다. 유성황후는 세조 쿠빌라이의 장남 진김 칸(眞金汗)의 비다. 진김 칸은 즉위하기 전에 사망했고, 쿠빌라이의 뒤를 이어 즉위한 아들 성종(成宗, 재위 1294~1307)에 의해 '유종(裕宗)'으로 추존되었는데, 이때 진김 칸의 비도 함께 유성황후로 추존되었다.

환관으로 신임을 받은 방신우는 이후 고위직으로 승진한다. 원나라 성종 때 통봉대부(通奉大夫, 종2품) 품계에 천부대경(泉府大卿)에 임명된다. 무종(武宗, 재위 1307~1311) 때 수원황태후(壽元皇太后, 흥성태후라 함. 성종의 황후이자 무종의 모후)의 환관으로, 영록대부(榮祿大夫, 정2품) 품계의 평장정사(平章政事)에 임명된다. 진종(眞宗, 태정제, 1293~1323, 재위 1323~1328) 때 황후의 두터운 신임을 받아 태자의 스승인 태자첨사(太子詹事)에 임명되고, 황후의 직속기관인 휘정원사(徽政院使)에 임명된다. (〈사당비〉 참고)

방신우가 고려 출신 환관임에도 원나라에서 고위직에 오를 수 있었던 데는 그의 충직한 성품이 한몫했다. 구체적인 예로 그는 고려에 와서 수원황태후를 위해 사경 작업을 독려하고 복을 빌었다.

수원황태후는 "고려 사람들은 해서(楷書)를 잘 쓴다. 누가 가서 금을 갈아 쓴 불경을 받아 오겠는가? 망고태(방신우)가 아니면 어렵다."고 했다.

수원황태후 원나라 성종의 황후이자 무종의 모후이다. 고려 출신 환관 방신우를 총애하여 그의 요청을 여러 차례 들어주었으며, 방신우에게 사경 작업의 총책임을 맡기기도 했다.

방신우가 불경을 완성해 수레에 싣고 원나라에 도착했다. 황태후(수원황태후)는 "망고태는 민첩하고 조심스러워 이러한 큰일을 해낼 줄 알았다."고 칭찬했다.

— 〈사당비〉

방신우가 사경을 하기 위해 고려에 온 것은 1310년(충선왕 2) 6월이다. 그는 승려와 일반인 300명을 모아 사경 작업을 직접 주관했다.

원나라는 환관 방신우를 고려에 파견해 불경을 금자(金字)로 사경(寫經)하는 일을 감독하게 했다. 황태후는 금박(金薄) 60여 정(錠)을 보냈다.

理權溥如元賀正　十二月甲寅遣使如元
獻酹泳　辛酉以閭頓爲平壤尹金怡爲右
副承旨　丙寅廳囚　戊寅元加上太祖廟
宗尊號遣宦者康祐來頒詔
二年春正月己卯朔王在元　戊子讞部典
嘗合於禮乎於是宰而薦之
先迎牲殺於庭所以降神也若以生牲爲牢氣
欲不刑殺於庭釁正卜祺不可曰夫祭尚氣
位乃止　二月辛亥遣密直李公輔如元賀
使來求闍人童女
皇太子誕日　夏五月甲申元惡捆脫脫王遣
世子嚳令人撰表於楊學士尋爲從臣所
母得隔越瀋陽奏請遣省理罪　六月戊申元
以冊皇后詔天下遣八扎等求頒詔
元遣官者方臣祐來監書金字藏經　壬子
送金薄六十餘錠　癸丑遣大護軍文天佐

《고려사》 권33 수원황태후가 불경을 금자로 사경하기 위해 고려에 간 방신우에게 금박 60여 정을 보냈다는 《고려사》(충선왕 2년 6월) 기록이다.

방신우는 승려와 일반인 300명을 모아 민천사(旻天寺)에서 사경 작업을 했다.

—《고려사절요》 권23, 충선왕 2년 6월

한편 《고려사》에 따르면, "방신우는 (사경한) 불경을 신효사(神孝寺)에 옮기고 황태후의 복을 빌었다."고 한다.(《고려사》 권122, 방신우 열전) 그는 황후를 위해 이같이 헌신했다. 이제현은 이러한 환관 방신우를 다음과 같이 평가했다.

방신우는 일곱 황제와 두 태후를 섬겼다. 그는 궁정의 기밀을 맡아 계책

〔謀謨〕을 올렸는데, 황제와 황후의 뜻에 어긋나는 일이 없었다. 황제와 황후는 여러 차례 담비 가죽옷, 구슬 달린 옷과 모자, 금·옥·칠보 허리 띠를 그에게 주었다. 그리고 강남의 기름진 밭 4,000묘(畝)를 하사받았으며, 이밖에도 받은 황금과 백금, 보초(寶鈔, 원나라 지폐)가 헤아릴 수 없이 많았다.

— 〈사당비〉

방신우가 섬긴 일곱 황제는 성종-무종-인종-영종-진종-문종-명종이다. 또한 유성황태후(성종의 모후)와 수원황태후(무종과 인종의 모후)를 섬겼다. 1289년 23세 때 원나라로 건너가 1332년 귀국할 때까지 40여 년간 원 황실에서 환관으로 지냈다. 짧지 않은 세월을 원나라에서 생활한 것이다. 그런 가운데 '황제와 황후의 뜻에 어긋나는 일이 없었'을 정도로 황실의 절대적인 신임을 받아, 황실로부터 많은 보화와 땅을 하사받고 상당한 부를 축적하기도 했다.

방신우에 대한 공과론(功過論)

방신우는 원나라에서 환관으로 성공의 길을 걸었다. 뒤에 언급하겠지만 그에 대한 평가는 공과가 교차한다.

조선 초기의 역사가는 《고려사》〈환자전〉에서 환관들에게 봉군(封君, 왕족이나 공신 들에게 주는 일종의 작위) 등을 통해 고위 관직이 제수된 사실을 지적하면서 환관을 매우 부정적으로 기록했다.

(환관에 대한 작위와 고위 관직 제수에 따라) 옛 법과 제도가 모두 무너져, 거세하여 딱지도 붙지 않은 자가 본국(고려)을 우습게 여겼다. 백안독고사(伯顏禿古思, 원나라식으로 고쳐진 이름으로 성씨는 임任씨. 본명 미상), 방신우, 이대순(李大順), 우산절(禹山節), 이삼진(李三眞), 고룡보(高龍普) 등은 모두 주인에게 짖는 개처럼 고려 국왕을 헐뜯고 화를 불러일으켰다. 가슴 아픈 일이다.

—《고려사》권122, 환자전 서문

원 간섭기에 환관들이 발호해 고위직을 받으면서 고려의 인사 제도가 크게 문란해졌다. 또한 환관들은 원나라 황제와 권력자에게 고려 국왕을 무고해서 여러 가지 화를 불러일으켰다. 그러한 환관의 예로 6명의 이름을 언급했는데, 방신우도 포함되어 있다.《고려사》찬자 역시 방신우에 대해 비판적인 기록을 남겼다.

(황태후를 위한 사경 작업을 하러 고려에 온) 방신우는 고려의 관리에게 죄수 석방을 명령했다. 그러나 관리는 그가 사적인 감정으로 명령하는 것을 알고 거부했다. 두세 번이나 강요해 마침내 석방시켰다. 또한 고려에 입국할 때 그는 국경 주변의 수령들에게 모욕을 주었고 심한 경우 곤장을 쳤다. 황제를 위해 지방으로 제사를 지내러 갈 때에는 제찰사(提察使)와 수령들이 백성의 재물을 빼앗아 방신우에게 뇌물로 주었다. 전라도 제찰사 이중구가 종이를 선물하자 그는 받지 않고 도리어 그를 욕보였다. …… 방신우의 부친 방득세는 본래 중모현 향리였다. 아들 덕분에 관성현(충북 옥천) 현령이 되었다가 몇 년 지나지 않아 상주목사가 되었다. 매형 박려(朴侶)는 농사꾼에서 갑자기 첨의평리(僉議評理)가 되었다. 박려

의 아들 박지정(朴之貞)도 갑자기 전서총랑(典書摠郎)이 되었다. 모두 탐욕스럽고 불법을 저질러 모든 사람이 미워했다.

—《고려사》권122, 방신우 열전

향리인 부친은 물론 매형과 조카에게도 고위직을 제수하게 했으며, 방신우 자신도 고려에 와서 여러 불법을 저질렀다고 한다.

입성책동을 저지하고 고려를 지키다

《고려사》 찬자는 비판적인 기록도 남겼지만, 방신우가 고려에 행한 공적도 이례적으로 기록하고 있다.

충선왕 때 홍중희(洪重喜)가 충선왕을 무고하자, 방신우는 수원황태후에게 말해 홍중희에게 곤장을 치고 조주(潮州, 광동성 차오안)로 귀양 보냈다. …… 삭방 번왕(朔方潘王) 팔로미사(八驢迷思)가 무리를 이끌고 원나라에 귀순했다. 원나라는 그를 압록강 동편에 살게 하려 했다. 방신우가 황제에게, "고려는 땅이 좁고 산이 많아서 경작과 목축을 할 곳이 없습니다. 그들은 그런 곳에 살기 싫어할 것이며, 고려인들도 동요할 것입니다."라고 했다. 황제도 그렇게 여기고 중지했다. 또한 일찍이 고려에 성(省)을 설치하려 했을 때, 방신우는 무종의 모후 수원황태후에게 말해 중지시켰다. 이 때문에 충숙왕이 그를 후대해 상락부원군(上洛府院君)으로 봉하고 추성돈신양절(推誠敦信亮節)이라는 공신 칭호를 내렸다.

—《고려사》권122, 방신우 열전

방신우가 고려에 세운 공적은 다음의 세 가지다. 첫째, 홍중희가 충선왕을 무고하는 것을 막았다. 둘째, 원나라에 귀부한 북방 유목민이 압록강 동쪽의 고려 영토에 거주하는 것을 막아, 고려 영토가 이민족에게 잠식되는 것을 막았다. 셋째, 수원황태후 때 입성책동을 저지한 공로이다. 환관에 대해 호의적인 역사 기록을 거의 찾을 수 없는 점을 감안하면 《고려사》 방신우 열전은 예외적이다.

방신우가 홍중희가 충선왕을 무고한 것을 막은 사실은 〈사당비〉에 더 자세하게 기록되어 있다.

방신우는 우리나라에 충성을 다했다. 지대(至大, 원 무종 연호) 연간 (1308~1311) 요양(遼陽)의 홍중희가 충선왕을 고소하고, 권세가를 통해 원나라 조정에서 충선왕과 대질하기를 청했다. 흥성태후(수원황태후)를 모시러 궁에 갔을 때 방신우의 얼굴색이 좋지 않았다. 태후가 그 까닭을 물었다. 방신우는 무릎을 꿇고 "홍중희는 고려에서 죄를 짓고 도망친 사람입니다. 지금 충선왕과 맞서려 합니다. 왕은 성품이 강직해 반드시 그 모욕을 견딜 수 없을 것입니다. 그 일로 왕이 돌아가셔서 뵙지 못하게 될까 걱정입니다."라고 하면서 눈물을 흘렸다. 태후가 감동해 이를 황제께 알렸다. 황제는 즉시 홍중희를 제거했다.

—〈사당비〉

참고로 〈사당비〉에는 무종 때 방신우가 입성책동을 저지한 사실이 생략되어 있다. 그는 무종 때뿐만 아니라 원나라 진종 때도 입성책동을 저지했는데, 이 사실은 〈사당비〉에만 실려 있다. 따라서 《고려사》 방신우 열전과 〈사당비〉의 기록을 종합해보면, 환관 방신우가 고려왕조에 세운 가

원 무종 테무르 충선왕을 무고한 부원배 홍중희를 처벌했다.

장 큰 공로는 두 차례나 제기된 입성책동을 저지한 것이다.

입성론은 원나라 중서성 소속 지방행정기관인 행성(行省)을 고려에 설치해 고려를 원나라의 내지로 편입시킴으로써 고려의 정체성을 없애려는 논의이다. 주로 부원(附元) 분자들이 제기했다.

방신우의 입성책동 저지 활동을 자세히 살펴보기로 한다. 먼저, 방신우가 무종 때 저지한 입성책동을 실제로 제기한 사람은 충선왕을 무고한 홍중희이다. 그것은 다음의 기록에서 확인할 수 있다.

(무종 황제 때) 요양 사람 홍중희가 우리나라에 행성을 세우려 했습니다. 하늘이 크게 노해서 홍중희를 곤장으로 치고 먼 곳으로 유배시켰습니다.

—《고려사》 권36, 충혜왕 즉위년 윤7월 경인

　　　　　　　　　　방신우

위 기록은 충혜왕(忠惠王, 재위 1330~1332, 복위 1339~1344)이 즉위한 직후인 1330년 7월, 중국 강남 출신 원나라 관료 장백상(將伯詳)의 입성론에 반대하며 원나라 우승상에게 올린 글의 일부이다. 이 글에서 홍중희가 무종 때 입성론을 처음 제기했다고 밝혔다. 당시 홍중희가 충선왕을 무고했을 뿐만 아니라 행성을 설치해 고려를 원나라에 편입시키려 한 사실을 확인할 수 있다.

홍중희는 몽골군에 투항해 고려 침략의 길을 터준 부원배 홍복원(洪福源)의 손자이다. 홍중희의 아버지 홍다구(洪茶丘, 1244~1291) 역시 몽골군의 일원으로 고려 내정에 간섭해 고려에 큰 폐해를 끼쳤다. 이 집안은 손자 홍중희 때 지금의 요양 지방의 고려 군민을 관할하는 세력가로 성장했다. 그러나 충선왕이 심양왕에 책봉되어 요양 지방의 통치권을 갖게 되자, 세력 기반이 축소될 것을 염려한 홍중희가 충선왕을 모함하고 처음으로 입성론을 제기했던 것이다.

> 무진일, 원나라 황제가 고려에 행성을 설치하지 말라는 명령을 내렸다. 홍중희가 행성을 설치하려 할 때, 충선왕이 고려가 칭기즈칸 이후 원나라에 복속한 공적을 아뢰어 황제를 설득시키자, 황제가 이같이 명령했다.
>
> —《고려사》권34, 충선왕 4년 6월 무진

위 기록에 따르면, 원나라가 입성론을 중단시킨 것은 1312년(충선왕 4)이다. 또한 입성론은 충선왕의 노력으로 중단된 것으로 되어 있다. 그러나 이 무렵 방신우가 충선왕을 무고한 홍중희를 황후에게 보고해 처벌받게 한 것으로 미루어 보아, 입성책동을 저지하는 데 방신우의 역할도 적지 않았음을 짐작할 수 있다. 위 기사 내용과 같이, 원나라는 1312년(충선왕 4) 홍중희의 입성론을 중지시켰다.

방신우는 이후에도 또 다른 입성책동을 저지해 왕조의 정체성을 지켜내는 데 기여했다.

도라사(倒剌沙)가 좌승상이 되어 고려에 행성을 설치하자는 논의를 주도했다. 방신우는 황후(태정황후)에게 아뢰었다. 그러자 황후는 보좌하는 신하들에게 행성을 설치하지 말라는 명령을 내렸다. 도라사의 행성 논의는 좌절되어 더는 거론되지 않았다.

— 〈사당비〉

도라사(?~1328)는 서역 출신의 원나라 권신으로, 진종 때 좌승상이 된 진종의 측근이었다. 방신우는 그가 조정에서 입성론을 논의한 사실을 알고 진종의 황후에게 보고해 중지시켰던 것이다.

도라사가 논의했다는 입성론은 〈사당비〉에만 기록되어 있고 《고려사》 등에 기록되지 않아 자세한 사정을 알 수 없다.

그러나 이때의 입성론은 유청신(柳淸臣, ?~1329) 등이 올린 것이다. 《고려사절요》에 따르면, 1323년(충숙왕 10) 1월, "유청신과 오잠(吳潛)이 원나라 조정에 상소를 올려 고려에 행성을 세워 원나라 내지와 같아지도록 해달라고 요청했다. 황제가 허락하지 않았다."(《고려사절요》 권35, 충숙왕 10년 1월)고 했다. 이 입성론은 국호를 없애고 고려를 원나라에 편입시키려는 것이었다. 이 사건은 이제현과 원나라 관리인 왕관(王觀)의 반대 상소가 《고려사》 등에 실려 있을 정도로 당시 큰 쟁점이 되었다.

그런데 《고려사절요》 기록처럼 당시 유청신과 오잠이 입성론을 제기한 것은 1월이고, 원나라 진종이 즉위한 것은 같은 해 9월이다. 즉, 진종이 즉위한 뒤에도 이 문제가 원 조정에서 계속 논의되다가 방신우의 노력으로 중단되었던 것이다. 따라서 이해 1월 입성론이 제기되자 황제가 바로 거부했다는 것은 사실과 다르다. 2년이 지난 1325년(충숙왕 12)에 원나라 황실에서 입성론 논의가 중단되었다고 한 사실이 고려에 알려진 것(《고려사》 권35, 충숙왕 12년 윤1월)이 이를 뒷받침한다.

《고려사》 찬자는 당시 환관들이 "주인에게 짖는 개처럼 고려 국왕을 헐뜯고 화를 불러일으켰다."(《고려사》 권122, 환자전 서문)고 비난했다. 그러나 방신우는 여타의 환관들과 다른 행적을 보였던 것이다. 이제현은 환관 방신우를 다음과 같이 평가했다.

가만히 생각건대 원나라는 고려 국왕에게 공주와 혼인하는 은혜를 대대로 베풀었다. 왕궁에서 시종하는 자들 가운데 이를 인연으로 황실의 궁정에 적을 둔 사람이 적지 않았다. 그러나 충절과 신의로 황실의 은총과 녹봉을 잘 보존한 사람은 매우 드물었다. 더욱이 그 덕과 은택을 베풀어 고국인 부모의 나라를 이롭게 했음에야 더 말할 나위가 없을 것이다. 방신우 같은 인물은 그런 점에서 우러러볼 만하다.

— 〈사당비〉

이제현은 방신우는 과(過)보다는 공(功)이 많다고 평가했다. 위 인용문과 같이 방신우가 충절과 신의로 원 황실을 도왔고 입성책동을 저지해 고려왕조에 공을 세운 사실을 두고 한 말일 것이다. 물론 방신우 홀로 한 일은 아닐 것이다. 입성책동을 저지하는 데 그도 일조한 것을 두고 한 말이다.

이제현은 방신우의 말년 생활과 죽음을 다음과 같이 정리하고 있다.

1332년(충혜왕 1) 사직하고 고려에 돌아왔다. 선흥사(禪興寺)를 아주 웅장하고 화려하게 수리하고 날마다 왕래하며 황제의 장수를 축원했다. 그사이 친인척과 친구 들을 불러 바둑을 두고 거문고를 타는 등 한가롭게 10여 년을 보냈다. 1342년(충혜왕 복위3) 다시 원나라에 불려갔다. 이때 76세였는데 힘이 쇠하지 않았다. 황제(순제(順帝), 재위 1333~1368)는 이를 특이하게 여겨 금색 용이 수놓인 옷과 보초(寶鈔, 원나라 지폐) 1만 관(貫)을 주었다. 이듬해 9월 가벼운 병으로 원나라에 있는 집에서 별세했다. 황제는 특별히 부의금을 내렸고, 고려에서 장례를 지내게 했다. 무덤은 선흥사 뒤편 언덕에 있다. 또한 사원에 그의 사당이 있다. 평생토록 슬픔과 영화로움이 함께했으니, 감정이 없다고 할 수 없다.

— 〈사당비〉

* (출생 연도 미상)

1310년(충선왕 2) 비인군에 봉해짐.

1314년(충숙왕 1) 충선왕, 원의 수도 대도(북경)에 만권당 설치.

1316년(충숙왕 3) 충선왕, 심양왕의 지위를 조카 왕호에게 넘김.

1320년(충숙왕 7) 원나라 영종 즉위. 수원황태후의 처벌을 받음(3월). 충선왕의 티베트 유배에 관여
(12월).

1321년(충숙왕 8) 임백안독고사의 측근이 충선왕의 측근 권한공, 채홍철을 유배 보냄.

1323년(충숙왕 10) 원나라 영종 황제, 충선왕을 타사마로 이배(3월). 영종 황제 피살(8월). 충선왕 소환
(9월). 임백안독고사 처형(9월).

임백안독고사

왕권을 유린한 환관

유배길에 오른 충선왕

충선왕은 1320년(충숙왕 7) 12월 유배형을 받는다.

12월 무신일 황제가 불경을 공부하라는 명목으로 충선왕을 토번의 살
사길(撒思吉, 티베트의 라싸) 지방에 유배를 보낸다. 이 지방은 서울(북경)
에서 1만 5,000리 떨어진 곳이다. 왕을 모시던 최성지(崔誠之) 등은 도
망가고, 오직 박인간(朴仁幹)과 장원지(張元祉) 등이 왕을 따라 유배지로
갔다.

—《고려사》권35, 충숙왕 7년(1320) 12월

충선왕은 이듬해 10월에야 유배지에 도착한다. 10개월이나 걸린, 1만
5,000리의 고통스러운 대장정이었다. 유배지로 향하던 그해 7월 고려의

재상에게 보낸 다음 편지에 왕이 겪은 심신의 고통이 잘 나타나 있다.

"내 운명이 기구해서 이런 우환을 당했다. 나는 홀로 산과 물을 건너 1만 5,000리 길의 토번으로 가고 있다. 이는 우리 사직을 크게 욕보이는 일이다. 잠을 자도 편안하지 않고, 음식을 먹어도 맛을 모른다. 나라의 원로인 여러분도 노심초사할 것을 생각하니 부끄러울 뿐이다. …… 여러분은 합심해 황제에게 호소해 빨리 내가 소환되도록 하라."고 했다.

—《고려사》권35, 충숙왕 8년(1321) 7월

충선왕은 불편한 잠자리와 거친 음식도 그러하지만, 유배 자체가 자신과 고려를 욕보이는 일이라 생각하고, 황제에게 호소해 자신의 유배를 풀게 해달라고 재상들에게 부탁했다. 이처럼 충선왕은 유배 조치에 승복하지 않았던 것이다.

그런데 충선왕은 왜 유배형을 받았을까? 충선왕은 원나라 성종 사후 황위 쟁탈전에서 무종을 황제로 옹립하는 데 공을 세웠다. 이를 계기로 1308년 고려인이 많이 거주하는 심양 지역을 통치하는 심양왕에 임명되었다. 그리고 이해 7월 충렬왕이 사망하자, 1298년에 이어 1308년 고려 국왕으로 복위했다.

그 무렵 원나라에서는 무종에 이어 동생 인종(仁宗, 재위 1311~1320)이 즉위했다. 두 황제와 어린 시절 원 황실에서 함께 지낸 인연으로, 충선왕은 원나라에서 정치적 지위가 크게 격상되었다. 충선왕은 재위기간의 대부분을 원나라에 거주하면서 원나라 황실의 정치에 깊숙이 개입했다.

충선왕은 인종 즉위 이후 오히려 인종의 모후인 흥성태후(興聖太后, 이하 '태후')와 정치적으로 더 가깝게 지냈다. 태후는 인종이 죽은 뒤 인종의

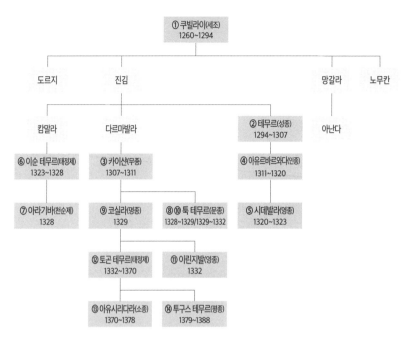

```
                      ① 쿠빌라이(세조)
                        1260~1294

   도르지        진김                    망갈라      노무칸

   캄말라      다르마발라      ② 테무르(성종)    아난다
                            1294~1307

⑥ 이순 테무르(태정제)  ③ 카이샨(무종)    ④ 아유르바르와다(인종)
   1323~1328       1307~1311       1311~1320

⑦ 아라기바(천순제)  ⑨ 코실라(명종)  ⑧⑩ 툭 테무르(문종)  ⑤ 시데발라(영종)
   1328          1329       1328~1329/1329~1332   1320~1323

              ⑫ 토곤 테무르(태정제)  ⑪ 이린지발(영종)
                 1332~1370        1332

              ⑬ 아유시리다라(소종)  ⑭ 투구스 테무르(평종)
                 1370~1378        1379~1388
```

5대 황제 쿠빌라이(세조) 이후 원나라 황제 계보도

아들 영종(英宗, 1320-1323년 재위)의 즉위에 개입했다. 원래 인종의 계승자는 무종의 아들로 내정되어 있었지만, 태후는 영종을 황제로 즉위시킴으로써 두 아들이 황제일 때보다 영향력이 더욱 커졌다.

태후는 인종 말년부터 인사에 개입해 자기 세력을 요직에 앉혔다. 특히 철목질아(鐵木迭兒)를 우승상에 임명해 인종의 측근 세력을 숙청했다.

1320년 3월 즉위한 영종은 4월 배주(拜住)를 중서평장정사에 임명해 태후 세력을 숙청하기 시작한다. 재정과 군사 기능까지 겸했던 태후의 권력기관인 휘정원(徽政院)을 혁파해 태후의 권력을 무력화한 것이다.¹ 자신을 황제로 즉위시켜준 할머니도 제거할 정도로 권력의 세계는 비정했다.

태후와 정치적으로 가까웠던 충선왕도 위기를 느꼈다. 화를 피하기 위해 충선왕은 사원에 향을 보내는 일(降香)로 강남 지방에 가게 해달라고 영종에게 요청해 허가를 받는다.

그러나 6월 충선왕이 강남 지방의 금산사(金山寺)에 도착하자, 황제가 군사를 보내 충선왕을 소환한다. 그리고 9월 소환된 충선왕에게 고려 귀국을 명했다. 충선왕이 원나라에서 정치활동을 하는 것을 막기 위해서였다. 그러나 충선왕이 응하지 않자, 영종은 10월 충선왕을 하옥했다가 머리를 깎아 석불사(石佛寺)에 감금했다. 그리고 마침내 12월 토번으로 유배를 보낸다.

충선왕 유배에 가담한 임백안독고사

충선왕은 원 황실에서 일어난 태후와 영종의 권력투쟁의 결과 유배형을 받았다. 원나라 정치에 깊숙이 개입한 충선왕이 자초한 측면도 없지 않았다. 그러나 한편으로는 유배의 배후에 고려인 출신 환관 임백안독고사(任伯顔禿古思, 이하 '백안독고사')가 있었다.

백안독고사는 원 간섭기 또 다른 유형의 고려 출신 환관의 모습을 보여주고 있다. 그는 원래 고위 관료 주면(朱冕)의 노비였다. 성은 임씨(任氏)이나 이름은 알 수 없다. '백안독고사(바얀투구스)'는 원나라에서 환관이 되어 원나라식으로 붙여진 이름이다. 비인군(庇仁君)으로 봉군된 것으로 보아, 충청도 비인현(충남 서천군 비인면) 출신이다. 노비 출신인 그는 스스로 거세해 환관이 되었고, 원나라 인종의 태자 시절 그의 환관이 되었다.

임백안독고사는 상서(尚書) 주면의 노비였다. 자기 손으로 거세하여 고자가 되었다. 충선왕은 그를 비인군으로 봉했다. 그는 원나라 인종이 친왕(親王)으로 있을 때 인종의 환관이 되었다. 그는 성정이 간악하고 음침했고 옳지 않은 일을 많이 해, 충선왕이 매우 미워했다. 임백안독고사도 알아차리고 충선왕을 중상하려고 생각했다. 그러나 원나라 인종과 태후가 충선왕을 잘 대해주어 어찌할 수 없었다. 일찍이 그가 충선왕에게 무례한 행동을 하자, 충선왕이 태후에게 청해 그에게 곤장을 치고 그가 빼앗은 토지와 노비를 몰수해 주인에게 돌려주었다. 이때부터 충선왕에 대한 원한은 더욱 깊어졌다. 인종이 죽고 태후도 별궁으로 물러나자, 그는 거리낌이 없었다. 그는 (권력자 철목질아의 아들) 팔사길(八思吉)에게 아첨해 온갖 방법으로 충선왕을 모함했다. 새로 즉위한 영종은 빼앗긴 토지를 그에게 되돌려주고, 충선왕을 토번 지방으로 유배시켰다.

—《고려사》 권122, 임백안독고사 열전

위 기록에 따르면, 백안독고사는 인종의 위세를 믿고 불법을 많이 저질러 충선왕의 미움을 샀다. 충선왕은 태후에게 요청해 그가 불법으로 빼앗은 토지를 주인에게 돌려주고 처벌받게 했다. 이로 인해 그는 충선왕에게 원한을 가졌다. 태후가 실세하자, 그는 빼앗긴 토지를 되찾고 충선왕 유배에 가담하는 등 거리낌이 없었다.

백안독고사가 태후에게 처벌을 받은 때는 영종이 즉위한 1320년(충숙왕 7) 3월이다. 4월 태후가 실각하자, 태후와 가까웠던 충선왕은 신변에 위협을 느껴 황제에게 강남 지방 사찰에 향을 보내는 일을 자청했고, 결국 12월 유배되었다.

고려 출신 환관이지만 백안독고사는 방신우와 매우 대조적이다. 두 사람은 원나라 궁정에서 각각 인종의 환관(백안독고사)과 인종 모후의 환관(방신우)으로 활동했다. 백안독고사는 노비 출신인 데 비해, 방신우는 향리 출신이다. 부원배 홍중희가 충선왕을 무고하자 방신우는 충선왕을 옹호했다. 그러나 백안독고사는 다음의 기록과 같이 충선왕 유배에 가담했다. 두 사람은 정치적 입장도 달랐던 것이다.

> 사신(史臣) 허응린(許應麟)은 다음과 같이 말했다. "충선왕은 악한 사람을 원수처럼 미워했다. 환관 백안독고사는 간사하고 음험해 충선왕의 미움을 받아, 영종 황제에게 충선왕을 무고해 토번 지역으로 유배를 보냈다. 충숙왕은 의리상 그와 하늘을 함께할 수 없었다. 그런데도 충숙왕은 원나라에 갔을 때 황제에게 보고해 '주인을 욕보인 죄'[폐주지죄(吠主之罪)]를 바로잡지 못하고 도리어 그의 집에서 유숙했다. 심지어 그의 친족을 노비 신분에서 해방해주었으니 무슨 마음인가?"
>
> ─《고려사》권35, 충숙왕 8년 4월 임신 〈허응린 사론〉

역사가 허응린은 충선왕을 유배한 백안독고사에 대해 '주인을 욕보인 죄'를 저질렀다고 비난했다. 또한 충선왕의 아들 충숙왕이 부왕을 욕보인 백안독고사를 처벌하기는커녕 원나라에서 그의 집에 유숙하고 친족들을 양인 신분으로 해방한 사실을 비난했다.

충숙왕은 왜 부왕을 유배한 환관을 처벌할 수 없었을까? 백안독고사는 고려에 그의 세력이 많이 형성되어 충숙왕이 함부로 할 수 없을 정도로 정치적 영향력이 강했다. 실제로 백안독고사는 충선왕이 유배된 뒤고려의 내정에도 개입했다.

삼사사 김순(金恂), 밀직사 백원항(白元恒), 밀직부사 윤석(尹碩)과 전영보(全英甫) 등은 대호군 이인길(李仁吉) 및 감찰 헌부(讞部)의 관원에게 명령해 권한공(權漢功)과 채홍철(蔡洪哲)을 곤장치고 먼 섬으로 유배했다. …… 충선왕이 유배된 뒤 환관들이 충선왕의 정치를 제멋대로 뜯어고쳐, 옛 신하들을 쫓아내고 재정을 축냈다. 전영보의 동생인 승려 산지(山枳)와 오불로(吳佛老) 등은 백안독고사에게 아부해 반란과 봉기를 선동했다.

—《고려사》 권35, 충숙왕 8년 4월 임신

위에서 언급된 김순, 백원항, 윤석, 전영보 등은 백안독고사의 측근들이다. 이들은 충숙왕을 무시하고 직접 관리들에게 명령해 충선왕의 측근인 권한공과 채홍철을 유배했다. 그 후 충선왕의 정치를 뜯어고치고 재정을 축낸 환관 역시 백안독고사의 측근이었다. 심지어 승려 산지와 오불로 등은 백안독고사에게 아부해 반란과 봉기를 선동했다. 당시 국왕 충숙왕은 백안독고사 세력의 횡포에 아무런 조치도 취할 수 없었다.

임백안독고사의 죽음과 충선왕의 사면

충선왕은 유배지에 가서도 고려의 재상들에게 자신의 소환을 위해 노력해달라고 부탁했다.

충선왕이 최유엄(崔有渰), 권부(權溥) 등에게 편지를 보냈다. "나는 10월 6일 토번 살사결 지방에 도착했다. 원나라 황제가 나의 환국을 허락할 것 같다는 이야기를 들었다. 사실이라면 염려할 것이 없다. 그렇지 않다면 유청신, 오잠 등과 의논해, 우리 고종 임금이 태조 황제(칭기즈칸)에게, 원종 임금이 세조 황제(쿠빌라이칸)에게 각각 귀부해 황제를 도와 공을 세운 사실과 충렬왕이 원나라 공주와 혼인했고, 내가 작지만 원나라 황실에 공을 세운 사실을 원나라 황제와 승상에게 알려, 내가 여기에 오래 머물지 않도록 하라."고 했다. 12월 정미일 백원항과 박효수(朴孝修) 등이 묘각사(妙覺寺)에 모여 원나라 중서성에 글을 보내 충선왕을 돌려보낼 것을 요청했다.

—《고려사》권35, 충숙왕 8년 11월

참고로 위 인용문에 따르면, 백안독고사의 측근인 백원항이 충선왕의 소환을 요청하고 있다. 원 간섭기에 권력의 향배에 따라 정치적 소신을 팽개치고 우왕좌왕하는 고려 관료들의 모습을 백원항의 행위에서 확인할 수 있다.

충선왕의 부탁에도 불구하고 복잡한 정세 때문에 소환이 쉽지 않았다. 충숙왕은 원나라에 사실상 억류 상태로 있었기 때문에 도움이 되지 못했다. 게다가 충선왕의 조카인 심양왕 왕호(王暠)를 고려 국왕으로 옹립하려는 심왕파가 충선왕의 소환을 방해했다. 그로부터 2년이 지난 1323년(충숙왕 10) 1월 민지(閔漬), 허유전(許有全), 김거(金�) 등이 원나라 황제에게 정식으로 충선왕의 소환을 요청했다. 이제현이 원나라 승상 배주에게 충선왕의 소환을 요청한 글이 지금까지 전한다.

유배지는 만 리나 떨어진 험한 곳입니다. 가는 곳은 열에 아홉이 굽은 길이며, 사철 내내 얼음과 눈이 쌓여 있는 곳입니다. 독기 품은 안개가 사람을 쪄내고 도적이 많은 곳입니다. 가죽배를 타고 강을 건너 소들이 자는 곳에서 노숙을 하면서 반년이 되어야 유배지에 도착할 수 있습니다. 찐 보릿가루로 식사하고 토굴에 거처할 정도로, 그 쓰라린 고통은 기록할 수 없습니다.

—《고려사》권110, 이제현 열전

승상 배주의 도움이 있었다고는 하지만, 어쨌든 1323년 2월 무자일 원나라 황제가 상왕에게 토번의 살사길에서 감숙성의 타사마(朶思麻) 지방으로 유배지를 옮기라고 명했다. 소환이 임박했음을 뜻했다. 그러나 이후 상황은 아주 극적이다.

9월 무술일 식목녹사 심문숙(沈文淑)이 원나라에서 돌아와 "지난달 계해일 원나라 어사대부 철실(鐵失)이 남파(南坡)에서 황제(영종)를 살해했다."고 전했다. 정사일 원나라 중서성에서 명화상(明和尙)을 파견해, "황숙(皇叔) 진왕(晉王)이 황제에 올라, 태정황제(泰定皇帝, 진종)라 했다. 천하에 대사면령을 내리고 충선왕을 소환했다."고 전했다.

—《고려사》권35, 충숙왕 10년(1323) 9월

태정황제가 즉위한 것은 8월이고, 그 사실이 고려에 알려진 것은 9월이었다. 충선왕을 유배한 영종의 피살이 소환의 결정적인 계기가 되었다. 백안독고사도 9월 처형되었다.

(1323년) 9월 밀직부사 임서(任瑞)가 동생 백안독고사가 처형되었다는 소식을 듣고 두려워 도망치는 바람에 그의 재산이 압수되었다. …… 재

상들은 충선왕이 소환되자 숙비(淑妃)를 위로하기 위해 잔치를 베풀었다. 숙비는 신하들에게 충선왕을 해치려 한 백안독고사와 그의 형 임서의 불법행위 사실을 중서성에 상소해 그동안의 죄를 묻게 했다.

—《고려사절요》권24, 충숙왕 10년 9월

1323년 9월 유배지에서 소환된 충선왕은 이해 11월 원나라 수도 대도(북경)에 도착한다. 1320년 12월 시작된 기나긴 유배생활은 이때에야 막을 내렸다.

측근 정치의 폐해를 자초한 충선왕

원나라가 고려를 지배한 시기에 고려 출신 환관들이 원나라에서 크게 득세한 까닭은 무엇일까? 고려의 주요 정책은 물론이고 국왕의 즉위와 폐위까지 원나라 황제와 황실의 재가를 받게 하는 원나라의 고려 지배 방식이 환관 득세의 원인을 제공했다. 고려 국왕은 국내 현안을 해결하기 위해 고려인 출신 환관을 통해 황제와 원나라 고위 관료에 접근했다. 특히 원나라 중앙정치에 깊숙이 관여했던 충선왕은 환관을 많이 이용한 국왕이다. 원나라 황실에 요청을 해야 할 일이 있으면 황실 사정을 잘 아는 고려 출신 환관을 통해 접근했다.

(고려) 국왕이 원나라에 요청할 일이 있으면 먼저 (고려 출신) 환관에게 의지했다. 이 까닭에 충렬왕(재위 1274~1308) 때 이미 군(君) 작위를 받은 [봉군(封君)] 환관도 있었다. 충선왕은 이때 오랫동안 원나라 수도에 머

물러 세 궁전(무종과 인종, 황후)을 자주 드나들면서 환관들과 친해졌다. 황제에게 요청할 일이 있으면 충선왕은 더 가깝고 총애하는 환관을 택해 봉군하고 벼슬을 주었다. 나머지 환관에게도 검교(檢校)나 첨의밀직(僉議密直) 등의 벼슬을 주었다.

—《고려사》 권122, 환자전 서문

실제로 충선왕은 1310년(충선왕 2) 9월 고려인 출신 환관 15명에게 이례적으로 군(君) 작위를 내렸다. 그중에는 비인군으로 봉해진 백안독고사도 포함되어 있었다. 그동안 환관이 봉군된 예가 없지 않지만, 충선왕처럼 15명씩이나 한꺼번에 봉군한 것은 드문 일이다. 이 가운데《고려사》〈환자전〉에 수록된 인물은 이대순, 이숙, 방신우, 임백안독고사 등 4명뿐이다. 나머지 인물의 행적은 알 수 없지만《고려사》 등에 기록되지 않은 많은 고려 출신 환관이 원나라에서 활동했다는 간접적인 증거가 된다.

원래 고려는 왕실 종친과 이성(異姓)의 공신에 대해 공(公), 후(侯), 백(伯), 자(子), 남(男)의 5등 봉작제(封爵制)를 시행했다. 1298년(충선왕 즉위년) 충선왕은 이를 폐지하고 제군(諸君, 종1품), 원윤(元尹, 종2품), 정윤(正尹, 정3품)의 3등 봉군제를 시행했다.(《고려사》 권77, 백관2 〈종실제군〉조) 충선왕은 천자국에서 시행된 봉작제를 폐지하고, 제후국 고려에 걸맞은 봉군제로 바꾸었던 것이다.

조선 초기 역사가는 충선왕의 조치를 다음과 같이 통렬하게 비판했다.

원나라 성종 황제 이후 정치가 궁정에서 이루어져 환관들이 권세를 누렸다. 환관들의 관직이 심한 경우 대사도(大司徒)이거나 그다음은 평장

초안산 분묘군 조선시대 환관들의 무덤이 많이 분포되어 있어 역사 속 환관의 존재를 되새기게 한다. 서울시 도봉구 창동과 노원구 월계동에 있다.

정사(平章政事)였다. 또 모두 원사(院使)나 사경(司卿)이었다. 환관의 동생과 조카 또한 조정의 명으로 주택과 수레, 의복을 받았는데, 재상의 지위에 버금갈 정도였다. 환관이 누리는 부귀와 영광은 옛날 중국과 남방 지역의 환관들도 따라갈 수 없을 정도였다.

—《고려사절요》권23, 충선왕 2년 9월

나아가 조선 초기 역사가는 고려 국왕들이 환관들에게 고위직을 남발해 인사 제도를 문란하게 했고, 환관들은 도리어 주인을 보고 짖어대는 개처럼 고려 국왕을 헐뜯고 여러 가지 화를 불러일으켰다고 비난했다 (《고려사》권122, 환자전 서문).

비인군에 봉해진 지 10년 만에 백안독고사는 '도리어 주인을 향해 짓는 개'처럼 충선왕을 모함했다가 유배형을 받는다. 그런 점에서 충선왕

의 유배는 백안독고사의 모략 때문이기도 하지만, 충선왕이 자초한 측면
도 있다.

　다음 기록은 환관이 중대한 국사를 논의하는 지위에까지 올랐고, 그것
이 결국 고려 멸망의 한 원인이 되었다는 내용이다.

> 공민왕이 오랫동안 재위하면서 대신들을 시기하여 여러 소인배(群小)를
> 자신의 정보원으로 삼았다. 특히 환관들을 믿고 중용해서, 환관이 나라
> 를 경영하고 도를 논하는 자리에 올라 조정에서 국정을 논했다. 그래서
> 고려의 사직이 오래가지 못했다. 이를 경계해서 환관들의 행적을 담은
> 열전을 짓는다.
>
> 　　　　　　　　　　　　　　　　　　—《고려사》권122, 환자전 서문

　정상적인 국정 운영을 가로막는 환관과 같은 측근들의 정치 개입은 그
동안 역사에서 많은 폐단을 불러일으켰다. 예나 지금이나 변함없는 진리
이다. 경계할 일이다.

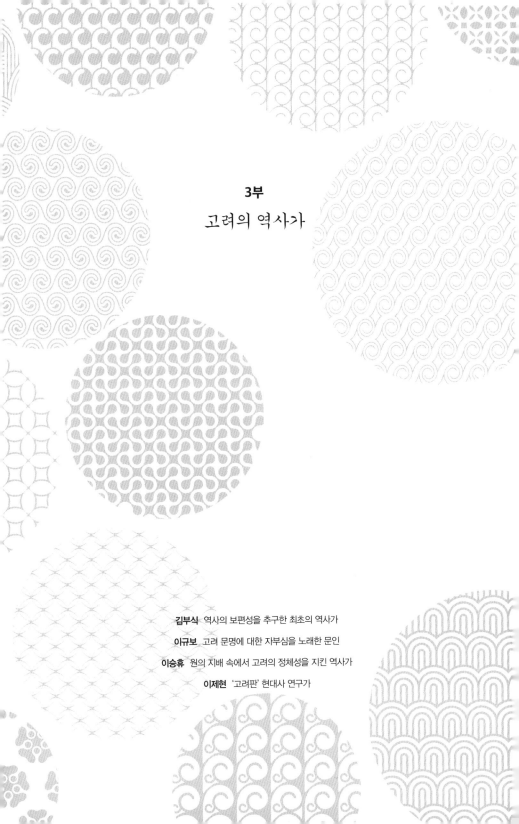

3부
고려의 역사가

1075년(문종 29) 경주에서 출생.

1096년(숙종 1, 22세) 과거 급제. 안서대도호부 사록참군사에 임명.

1107년(예종 2, 33세) 윤관의 2차 여진 정벌(12월).

1108년(예종 3, 34세) 윤관, 여진 정벌 지역에서 9성 축성.

1109년(예종 4, 35세) 고려, 여진에 9성 반환.

1113년(예종 8, 39세) 《시정책요(時政策要)》 편찬 참여.

1116년(예종 11, 42세) 송나라 사신으로 감. 《자치통감》 구입.

1122년(예종 17, 48세) 《예종실록》 편수관이 됨. 이자겸의 생일을 국경일로 정하는 데 반대.

1123년(인종 1, 49세) 군산도(선유도)에서 서긍 등 송나라 사신 영접.

1125년(인종 3, 51세) 금나라와 형제맹약 맺음. 왕명으로 영통사 대각국사비문 편찬.

1126년(인종 4, 52세) 이자겸의 난.

1127년(인종 5, 53세) 송나라 사신으로 갔다가 금나라 침입으로 중도 귀국.

1130년(인종 8, 56세) 정당문학 겸 수국사로 재상이 됨.

1135년(인종 13, 61세) 묘청의 난. 사령관에 임명되어 서경 출동(1136년 진압).

1142년(인종 20, 68세) 관직에서 물러남.

1145년(인종 23, 71세) 《삼국사기》 편찬. 《인종실록》 편찬에 참여.

1151년(의종 5, 77세) 사망.

김부식

역사의 보편성을 추구한 최초의 역사가

신채호, 김부식과 《삼국사기》를 혹평하다

현재 전하는 가장 오래된 우리나라 역사책은 《삼국사기(三國史記)》이다. 이 책은 김부식(金富軾, 1075~1151)이 국왕 인종의 명을 받아 편찬한 것으로, 1142년(인종 20)에 착수해 1145년 완성했다. 《삼국사기》는 삼국의 역사는 물론 삼국을 통일한 통일신라(668~935)의 역사까지 서술되어 있으며, 본기(本紀) 28권, 연표(年表) 3권, 잡지(雜志) 9권, 열전(列傳) 10권 등 모두 50권으로 구성된 기전체(紀傳體) 역사책이다.

《삼국사기》는 편찬 책임자 김부식을 포함해 보조 역할을 담당한 참고(參考) 8명과 행정사무를 전담한 관구(管句) 2명 등 모두 11명이 편찬 작업에 참여해 완성한 관찬(官撰) 사서이다. 《삼국사기》는 새로 집필하기보다는 수집된 사료에서 필요한 부분을 가려서 정리하는 작업이 많았다. 참고 8명이 이러한 작업을 전담했다.

편찬 책임자 김부식은 사료 선택, 목차 작성, 표현 등을 최종적으로 검토하고 결정하는 역할을 했을 뿐 아니라 본기와 열전 등에 실린 31편의 사론과 각 지의 서문 등을 직접 집필했다.《삼국사기》는 다른 관찬 사서에 비해 편찬 책임자 김부식이 집필한 부분이 상대적으로 많은 비중을 차지한다. 따라서 그를 배제하고는《삼국사기》를 제대로 평가할 수 없다.

김부식과《삼국사기》는 그동안 혹평을 많이 받았다. 민족주의 역사가 신채호(申采浩, 1880~1936)가 그 대표적인 인물이다.

"(묘청 난은) 낭·불(郎·佛) 양가(兩家) 대 유가(儒家)의 싸움이며, 국풍파(國風派) 대 한학파(漢學派)의 싸움이며, 독립당 대 사대당의 싸움이며, 진취사상 대 보수사상의 싸움이다. 묘청은 곧 전자의 대표요, 김부식은 곧 후자의 대표이다. 이 전역에 묘청 등이 패하고 김부식이 이겼으므로 조선사가 사대적, 보수적, 속박적 사상인 유교사상에 정복되고 말았다. 만일 이와 반대로 김부식이 패하고 묘청 등이 이겼더라면 조선사가 독립적, 진취적 방면으로 진전하였을 것이다. 이 전역을 어찌 일천년래 제일대사건이라 하지 아니하랴."

　　　　　　　　—《조선사 연구초》〈조선역사상 일천년래 제일대사건〉(1930)

신채호는 10세기 초 고려왕조 건국 이후 자신이 살던 20세기 초까지 1,000년의 역사에서 가장 큰 사건은 1135년(인종 13) 묘청(妙淸, ?~1135)의 난이라 했다. 유가를 대표한 김부식이 묘청의 서경 천도운동을 진압함으로써 조선(한국)의 역사는 사대 보수 속박의 유교사상에 정복되어, 퇴보의 길을 걷게 되었다고 했다.

신채호는 김부식이 편찬한《삼국사기》도 혹평했다. 그에 따르면, 김부식은 사대주의 사상에 입각해 우리나라 고유의 전통사상과 관련된 사료는 없애고, 유교사상이 담긴 중국 사료를 주로 활용해 《삼국사기》를 편찬했다. 따라서 《삼국사기》는 전통, 진취, 독립의 사상이 말살되고 사대사관으로 편찬된 최악의 역사서라는 것이다.(《조선사연구초》 참고)

신채호는 유교사관을 사대사관으로 간주하면서 《삼국사기》를 혹평했다. 약 100년이 지난 지금도 신채호의 평가가 널리 수용되고 있다.

신화와 전설을 뛰어넘은 유교사관

그렇다면 김부식은 왜 《삼국사기》를 편찬하려 했을까?

> 지금의 학사 대부들은 중국 경전과 역사는 잘 알고 있으나, 우리나라에 대해 잘 모른다. 삼국은 일찍 중국과 교통해서 중국의 역사서인 《한서(漢書)》나 《당서(唐書)》에 삼국의 사실이 실려 있으나, 소략하게 다루어 자세하지 않다. 우리나라 옛 기록은 문장이 졸렬하고 내용이 소략하다. 그러므로 군주의 선악, 신하의 충사(忠邪, 충성과 반역), 국가의 안위(安危), 인민의 치란(治亂)을 모두 드러내어 후세에게 좋은 일은 권하고 나쁜 것은 경계(勸戒)할 수 없다.
>
> ―《동문선》 권44, 〈진삼국사기표(進三國史記表)〉

《삼국사기》 편찬 후 김부식이 인종에게 올린 글이다. 인종의 말을 인용한 형식의 글이지만, 바로 김부식의 생각이다. 즉 고려 지식층은 중국 경전과 역사에는 밝으나, 우리나라에 대해선 잘 모른다. 중국사에 실린

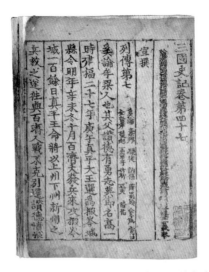

《삼국사기》(정독본) 본기, 연표, 잡지, 열전 등 모두 50권으로 구성된 기전체 역사서이다. 사진은 권47(열전 일곱 번째)의 본문이다.

삼국의 역사는 소략하다. 우리나라 옛 기록도 소략하다. 따라서 권장하거나 경계할 만한 사실을 역사의 교훈으로 후대에 전해줄 수 없다. 이 때문에 《삼국사기》를 편찬한다고 했다.

김부식은 군주의 선악, 신하의 충사, 국가의 안위, 인민의 치란에 관한 사실을 특별히 기록해 후대에 역사의 교훈을 남기려 했다. 그가 역사의 교훈으로 기록한 군주의 선악 등은 모두 유교이념과 유교사관에서 비롯한 내용이다. 이러한 유교사관에 입각해 《삼국사기》를 편찬했다.

《삼국사기》 이전에도 고려 초기에 편찬된 《구삼국사(舊三國史)》라는 역사책이 있었다. 그럼에도 불구하고 왜 《삼국사기》를 편찬하려 했을까? 《구삼국사》가 그런 역할을 할 수 없었기 때문이다. 이규보는 《구삼국사》의 동명왕(주몽) 역사를 읽고 1193년(명종 23) 장편 서사시 〈동명왕편〉을 지었는데, 다음은 그 서문의 일부이다.

계축년(1193) 4월 《구삼국사》를 구해 고구려 동명왕 본기를 읽었다. 세
상 사람들이 이야기한 것보다 내용이 더 신비스럽고 특이한 사실들[神
異之跡]이었다. 처음에는 믿을 수 없어 귀신 이야기[鬼]나 허망한 환상
이야기[幻]로만 생각했다. 그러나 세 번 반복하여 자세하게 읽으면서 깊
이 그 근원에 들어가니, 그 사실들은 환상 이야기[幻]가 아니라 거룩한
성인 이야기[聖]이며, 귀신 이야기[鬼]가 아니라 신 이야기[神]였다.

—《동국이상국집》권3, 〈동명왕편〉

이규보는 《구삼국사》는 신비롭고 특이한 사실로 서술되었다고 했다.
즉, 이 책은 삼국 개국시조의 탄생과 개국, 여러 영웅의 등장과 활동을
신비하고 특이한 사실로 서술한 것으로, 영웅과 신화 중심의 고대적 역
사관인 신이사관(神異史觀)에 입각해 서술된 역사책이라는 것이다. 한
편, 그는 이 책에 수록된 신화와 전설을 삭제한 《삼국사기》에 대해 다음
과 같이 언급했다.

하물며 나라의 역사[國史]는 사실을 바로 쓴 책[直筆之書]이다. 그러니
《구삼국사》가 어찌 헛된 사실을 전하려 했겠는가? 그런데 김부식이 역
사를 다시 편찬하면서 그에 관한 사실[神異之跡]을 생략했다. 생각해보
니 공(김부식)은 나라의 역사서는 세상을 바로잡는 책[矯世之書]이라 생
각했고, 그런 사실은 후세에 보일 것이 아니라고 생각해 생략한 것이 아
니겠는가?

—《동국이상국집》권3, 〈동명왕편〉

김부식

이규보는 《삼국사기》가 신화와 전설을 생략한 것은 세상을 바로 다스리기 위해 편찬된 역사책이기 때문이라 했다. 군주와 신하의 선악과 충역(忠逆), 나라와 백성의 안위에 관한 사실을 드러내어 후대에 역사의 교훈을 남기기 위해 《삼국사기》를 편찬했다는 김부식의 말과 일맥상통한다. 김부식은 신화와 전설 위주의 고대적 역사인식에서 탈피해 당시 동아시아의 보편적 이념인 유교이념에 입각한 효과적인 통치를 위해 삼국의 역사를 새롭게 편찬하려 했던 것이다.

새로운 역사인식으로 혼란을 수습하라

김부식은 왜 12세기 중반에 《삼국사기》를 편찬했을까? 《삼국사기》(1145)는 묘청의 난 이후 10년이 되는 해에 편찬되었다. 이 난은 당시 정치, 사회 전반에 엄청난 파장과 깊은 상처를 남겼다. 《삼국사기》 편찬 배경을 이 난과 관련해 이해해야 하는 또 다른 이유이다.

1126년(인종 4) 이자겸의 난으로 조야에 개경 중심의 정치에 대한 불신이 깊어갔다. 이 무렵 묘청, 백수한(白壽翰, ?~1135), 정지상 등 서경 세력이 새롭게 등장한다. 묘청은 인종에게 서경 임원역(林原驛)에 대화궁(大花宮)을 지으면, 금나라는 물론 주변의 많은 나라가 고려에 항복할 것이라고 건의한다.

"서경 임원역의 지세는 음양가에서 말하는 대화세(大華勢)입니다. 궁궐을 세워 이곳으로 옮기면 천하를 합병할 수 있습니다. 즉, 금나라가 스스로 항복하며, 36국이 모두 (고려의) 신하가 됩니다."라고 했다. …… 또

대화궁터 묘청과 백수한이 건의하여 1129년 건립된 고려의 새로운 궁궐터로, 평남 대동군에 있다.

묘청의 무리는 왕이 황제라 칭하고 독자 연호를 사용〔稱帝建元〕하고 유제〔劉齊, 한족이 금나라의 지원을 받아 세운 괴뢰국 대제국(大齊國)의 국왕〕와 협공해 금나라를 없애자고 했다. 식자들이 다 불가하다 했으나, 그들은 계속 주장했다.

—《고려사》권127, 묘청 열전

새로운 정치를 모색하던 인종은 정치의 중심 무대를 서경으로 옮기려 했다. 1129년(인종 7) 1월 대화궁, 1131년 8월 대화궁의 외성인 임원궁성(林原宮城)이 각각 완성된다. 이자겸이 제거된 후 3~4년 만에 서경이 새로운 정치 중심지로 급부상한 것이다. 묘청 일당은 국왕을 서경으로 모셔와 역모를 꾀하려 했다.

1134년(인종 12) 김부식은 인종의 서경 행차를 반대하는 상소를 올린다.

김부식

"이번 여름 서경 궁전에 벼락이 쳤습니다. 벼락 친 곳으로 재앙을 피하러 가는 것은 이치에 어긋납니다. 가을 곡식을 아직 거두지도 않았는데 행차하면 벼를 짓밟아 농사에 방해가 됩니다. 이는 백성을 사랑하는 일이 아닙니다."

—《고려사절요》권10, 인종 12년 9월

김부식뿐 아니라 개경 문신귀족들 대부분도 반대하자, 왕은 서경 행차를 중단했다. 서경 천도가 어렵게 되자, 묘청 일파는 1135년(인종 13) 1월 서경에서 반란을 일으킨다. 3월 김부식은 묘청의 난을 토벌할 사령관에 임명된다. 그는 약 1년 만인 이듬해 2월 난을 진압함으로써 정계 최고의 실력자로 군림한다.

김부식은 묘청의 난으로 혼란해진 정국을 수습하기 위해서는 왕권 강화와 유교 정치이념 확립이 필요하다고 판단했다. 그래서 당시 동아시아 세계의 보편적 역사이념인 유교사관에 입각해 새로운 역사책《삼국사기》를 편찬했던 것이다.

김부식의 삶이 담긴 《삼국사기》

유교사관을 신봉한 김부식을 사대주의자로 매도할 수 있을까? 이에 대한 반론도 없지 않다. 즉,《삼국사기》사론은 조선 초기 역사서에 비해 중국 중심적 세계관이 상대적으로 덜하다는 것이다. 삼국의 군주(王)에 관한 기록에 '본기'라는 이름을 붙였고, 각국의 역사를 '아(我)', '아국(我國)'으로 표기해 삼국의 역사를 대등하게 서술하려 했다. 이와 같이《삼

국사기》는 상대적으로 객관성과 자주성을 지니고 있다.

《삼국사기》에는 김부식의 삶이 옹축되어 있다. 그에 대한 검토는 이 책을 객관적으로 바라볼 수 있는 계기가 될 것이다. 1123년(인종 1) 고려에 온 송나라 사신 서긍(徐兢)은 김부식을 다음과 같이 평가했다.

> 김부식은 얼굴이 검고 크며, 커다란 체구에 눈이 튀어나왔다. 두루 통달하고 기억력도 탁월하여 글을 잘 짓고 역사를 잘 알아 학사(學士)들의 신망을 얻기로는 그보다 앞설 사람이 없었다.
>
> —《고려도경》 권8, 인물 김부식

서긍의 평가대로 김부식은 고금을 꿰뚫는 박람강기(博覽强記, 박식하고 총명함)의 기백을 지닌 당대 최고의 학자였다.

김부식은 경주 출신으로, 그의 집안은 증조부 김위영(金魏英) 때 개경에 정착한다. 부친 김근(金覲)은 국자좨주(國子祭酒, 종3품), 좌간의대부(左諫議大夫, 정4품) 등의 관직을 역임한 문신관료 출신이다.

김근은 1080년(문종 34) 박인량(朴寅亮, ?~1096)과 함께 사신단의 일원으로 송나라에 갔다. 송나라 사람들은 두 사람의 문장을 크게 칭찬하고 그들의 글을 모아 문집《소화집(小華集)》을 간행했다.(《고려사》 권95, 박인량 열전) 김부식의 부친은 이같이 사신으로 송나라를 방문해 명성을 떨친 인물이다. 그는 두 아들의 이름을 당송팔대가에 속하는 송나라 소식(蘇軾)과 소철(蘇轍) 형제의 이름을 따서 김부식과 김부철로 지어, 장차 훌륭한 문장가로 성장할 것을 기원했다. 그의 소망대로 자식들 모두 훌륭하게 성장했다.

김근의 슬하에 5명의 아들이 있었다. 장남은 승려 현담(法湛)으로 대각국사 의천과 교분이 있었다. 2남 부필(富弼)은 여진 정벌에 참여해 사망했다. 3남은 부일(富佾, 1071~1132), 4남은 부식, 5남은 부철〔富轍 혹은 부의(富儀), ?~1136〕이다. 장남을 제외한 4형제 모두 과거에 급제했다. 장남과 차남을 제외한 3형제는 당대 최고 문장가로서 국가의 중요한 문서 제작에 참여했다. 또한 모두 송나라에 사신으로 가서 훌륭한 문장으로 황제를 비롯해 송나라 사람들의 칭송을 받았다. 문신관료들이 선망한 과거고시관도 모두 여러 차례 역임했다.

부친을 비롯해 김부식 형제들은 이같이 선진 문물의 중심지 송나라에 사신으로 가서 견문을 넓히고 선진 지식인 유교이념을 직접 접했다. 김부식이 유교사관에 입각해《삼국사기》를 편찬한 것은 가계의 배경과 관직 활동 경력으로 미루어 보아 자연스러운 일이다.

김부식은 사대주의자인가?

김부식은 신라국을 다음과 같이 높이 평가했다.

(신라는) 지극한 정성으로 중국을 섬겨 산 넘고 바다 건너 조빙하는 사신
이 서로 이어져 끊이지 않았고, 항상 자제를 보내 조정에 나아가 숙위하
게 하고 국학에 입학시켜 학습하게 했다. 이로써 성현의 교화를 계승하
여 거친 풍속을 고쳐서 예의의 나라가 되었다.

—《삼국사기》권12, 신라본기 경순왕 사론

김부식은 신라가 예의의 나라로 융성하게 된 것은 중국과 사대관계를
유지했기 때문이라 했다. 그에게 사대관계는 선진국 중국에 사신과 우수
한 인재를 보내 그들과 교류하여 선진 문물을 습득하는 방법으로 여겨졌
다. 사대는 대국에 굴종하는 노예적인 자세가 아니라 왕조의 면모를 새
롭게 변화시킬 수 있는 수단이자 방법이라고 생각했던 것이다. 이 같은
논리는 유교경전에도 언급되어 있다.

작은 나라가 큰 나라를 섬기는 것이 믿음[信]이며, 큰 나라가 작은 나라
를 보호하는 것이 어짊[仁]이다[小所以事大 信也 大所以保小 仁也].

—《춘추좌전》애공(哀公) 7년

예라고 하는 것은 작은 나라가 큰 나라를 섬기고, 큰 나라가 작은 나라
를 보듬는 것이다. 사대는 큰 나라의 명령을 함께하는 것이며, 자소는
작은 나라가 없는 것을 돌보아주는 것이다[禮也者 小事大 大字小之謂 事

大在共其時命 字小在恤其所無].

—《춘추좌전》소공(昭公) 30년 8월

《춘추좌전》은 작은 나라가 큰 나라를 섬기는 이소사대(以小事大)를 유교의 예의질서로 규정했다. 즉, 큰 나라와 작은 나라의 관계는 지배와 종속의 관계가 아니라 서로를 보완해 이익을 주고받는 호혜적인 상호보완의 관계였다. 유교이념에 충실한 당시 지식인들은 사대관계에 대해 유교의 예의질서가 국가 간의 관계로 확대된 것으로 받아들였던 것이다. 사대관계를 지배와 종속의 관계로 본 신채호의 생각은 제국주의와 민족주의가 대두한 20세기 초의 시대상황과 무관하지 않다.

김부식은 동아시아의 보편 이념인 유교이념으로 역사와 사회를 이해하려 했다. 예를 들어보자. 1115년(예종 10) 금나라가 건국되자 다급해진 거란이 고려에 수차례 원병을 요청했지만 고려는 매번 거절했다. 1117년(예종 12) 금나라가 거란을 공격한 틈을 타 고려는 거란이 점령했던 압록강 유역의 보주(保州)를 점령하고 이름을 의주(義州)로 고쳐 고려 영토로 편입했다. 고려는 신흥 강국 금나라와 외교관계를 개선해 보주를 고려 영토로 확보함으로써 실리를 챙길 수 있었다.

보주 획득 후 8년이 지난 1125년(인종 3) 고려는 금나라와 형제맹약을 맺는다. 형제맹약은 사대외교의 전형이며, 고려의 자존심이 크게 훼손된 것으로 이해하는 경향이 있다. 그러나 형제맹약은 불가피한 측면이 없지 않다. 1117년 금나라의 묵인 아래 획득한 보주를 계속 유지하려면 금나라와 마찰을 일으키는 것은 바람직하지 않았다. 이와 같이 형제맹약은 보주를 고려의 영토로 확정하기 위해 고려가 취한 실리적인 사대외교이지 굴종적인 사대외교가 아니었다. 김부식은 형제맹약을 결정한 인종의 입장을 긍정적으로 평가했다.

> 김부식은 인종을 다음과 같이 평가했다. "인종은 덕과 은혜로 백성을 편안하게 했고 군사를 일으켜 전쟁을 하지 않으려 했다. 금나라가 갑자기 일어나자, 여러 신하의 반대를 뿌리치고 금나라 신하가 되기로 결정하고, 그 나라 사신을 예의로써 공손하게 대했다. 금나라도 고려에 대해 그렇게 했다. 외교문서를 담당하는 신하들이 금나라를 '북쪽 오랑캐(胡狄)'라고 쓰면 이를 말렸다. 금나라와 좋은 관계를 맺어 국경의 근심이 없게 되었다."
>
> —《고려사》권17, 인종 24년 2월

금나라와의 사대를 직접 견문한 김부식의 시각은 오늘의 우리와 커다란 차이가 있다. 자주와 사대의 단순한 잣대로 평가하는 방식을 뛰어넘어 김부식과 《삼국사기》를 객관적으로 바라볼 필요가 있다.

1168년(의종 22) 출생.

1170년(의종 24, 3세) 무신정변이 일어남.

1181년(명종 11, 14세) 문헌공도가 되어 성명재(誠明齋)에서 수학.

1185년(명종 15, 18세) 오세재와 망년우를 맺고 교유.

1189년(명종 19, 22세) 이름을 '규보(奎報)'로 고침. 국자감시 장원 합격.

1190년(명종 20, 23세) 예부시 동진사(同進士)로 합격.

1193년(명종 23, 26세) 장편 서사시 〈동명왕편〉 지음.

1194년(명종 24, 27세) 오세문의 시에 화답한 장편의 시를 지음.

1196년(명종 26, 29세) 최충헌, 이의민 제거. 최씨 무신정권 수립.

1199년(신종 2, 32세) 전주목 사록 겸 장서기에 임명(이듬해 파직).

1202년(신종 5, 35세) 모친상. 경주 신라부흥운동 진압에 종군.

1208년(희종 4, 41세) 직한림으로 정식 관원에 임명.

1219년(고종 6, 52세) 탄핵을 받아 계양도호부(부평) 부사에 임명.

1230년(고종 17, 63세) 부안현 위도로 유배.

1237년(고종 24, 70세) 관직에서 물러남. 〈대장각판군신기고문〉 지음.

1241년(고종 28, 74세) 사망. 《동국이상국집》 편찬.

이규보

고려 문명에 대한 자부심을 노래한 문인

고려도 천하의 중심이다

고려 건국 이후 각축을 벌인 송나라와 거란이 점차 쇠퇴하고 금나라가 신흥 강국으로 등장한 12세기 초, 동아시아 대륙 정세는 크게 요동치기 시작한다. 특히 문명국 송나라가 금나라에 밀려 대륙의 강남 지역으로 쫓겨나면서, 고려 지식인들은 고려가 장차 신흥 문명국으로 번성할 것이라는 자부심 넘치는 문명의식(文明意識)을 공유하기 시작했다.

대표적인 인물이 진화(陳澕, ?~?)이다. 13세기 무렵 금나라에 사신으로 가는 도중에 그가 남긴 시는 그가 강렬한 문명의식의 소유자임을 잘 보여준다.

서쪽의 중화(남송)는 이미 시들고 西華已蕭索

북의 만지(蠻地, 거란과 금 지역)는 아직도 캄캄하다. 北塞尚昏懜

밤새워 문명의 아침을 기다리노니 　　　　　　　　　坐待文明旦
하늘 동쪽(고려)에 불그레 오르는 새로운 해여. 　　　　天東日欲紅
　　　　　　　　　　　　　　　　― 진화,《매호유고(梅湖遺稿)》

　이 시는 고려인으로서의 시대적 자각과 민족적 긍지를 보여준다. 중국
은 이미 노쇠의 지경에 있고 북방민족은 아직 몽매한 상태인데, 새로운
문명의 아침이 동쪽에 터온다. 즉, 장야(長夜. 긴 밤. 암흑시대)에 빛은 동
방에서 온다는 것이다. 여기에서 동쪽이란 두말할 것도 없이 고려를 가
리킨다. 금나라 건국 후 송나라와 단절된 고려는 문명의 나라로서 '영광
있는 고립'을 지키는 데 그치지 않고, '인간의 낙원'을 실현할 가능성을

지니고 다가오는 새 시대의 역사 위에 문명의 서광을 비추어주리라는 것이다.

한편, 진화와 같은 시대를 살았던 이규보(李奎報, 1168~1241)는 1209년(고종 5) 당시 연등회 의식을 보고 다음의 시를 남겼다.

금 등잔 토한 불꽃 홍사초롱 밝혀주고　　　　　　　　　　金燈吐焰透紅紗
돋는 해 흩뿌린 광채 새벽놀 물들였네.　　　　　　　　　日散千暉暈曉霞
온 천하가 일가(一家)되니 천자(고려 국왕)의　　　　　四海一家天子聖
성스러우심이라.
서광이 비추니 온갖 꽃 피어나리.　　　　　　　　　　瑞光看取百枝花
　　—《동국이상국집》권13, 〈기사년등석 한림주정(己巳年燈夕 翰林奏呈)〉(1209년)

이규보는 고려 국왕을 천하를 일가로 만든 중심적 존재로 보았다. 즉, 고려를 중국과 구별된 또 하나의 천하 중심으로 여겼던 것이다. 이는 고려가 중국과 함께 또 하나의 천하 중심이라는 다원적 천하관과 연결된다. 이 역시 고려의 역사와 문화에 대한 자부심이 반영된 문명의식의 한 측면을 보여준다.

나아가 이규보는 고려의 역사와 문화에 대해 많은 글을 남겼다. 그는 고려 문화의 뿌리로 고구려와 신라의 역사와 문화에 주목했다.

천년국가 신라에 주목하다

〈동명왕편(東明王篇)〉(1193)을 통해 고구려 계승의식의 소유자로 알려

이규보의 《동국이상국집》 이규보가 병석에 눕자 권력자 최이는 이규보의 문집 출간을 서둘렀다.
이규보는 1241년 7월 사망했고, 이해 12월 이 책이 발간되었다.

진 이규보가 신라의 역사에도 주목했다는 사실이 특히 눈에 띈다. 오세
문(吳世文, ?~?)은 경주[東都]와 신라의 역사를 노래한 시문을 남겼는데,
이규보는 1194년(명종 24) 이 시에 300개의 운을 달아 화답한 장편의 시
를 지었다. 그의 나이 27세였다.

참고로 이규보는 18세 때 당대의 문장가인 53세의 오세재(吳世才,
1133~1199년)와 망년우(忘年友)를 맺었는데, 오세문은 바로 오세재의 형
이다. 두 형제는 모두 과거에 급제했으나, 당시 크게 쓰임을 받지 못해
외가인 경주에서 말년을 보냈다. 이규보는 오세문을 존경하고 그의 학문
과 문장을 높이 평가했다.

이규보는 이 시에서 신라의 수도 경주와 신라의 역사를 노래했는데,
주요한 구절만 간추리면 다음과 같다.

동도(경주)는 옛날 낙토의 나라	東都古樂國
당시 궁전 터 아직 남아 있다.	宮殿有遺基
역사책에서 지난 자취 살필 수 있고	靑史窺陳迹
순박한 풍속은 옛날을 기억나게 한다.	淳風記昔時
……	
(신라는) 천년 동안 왕업을 열고	千年開際會
여러 성왕이 기쁨을 누렸네.	累聖享雍熙
한신(한나라 명장) 같은 국사를 등용하고	國士登韓信
공규(당나라 명신) 같은 조신을 대우했네.	朝臣重孔戣
은덕은 우로와 같았고	恩榮同雨霈
호령은 우레와 같았네.	號令劇雷馳
문물예악〔冠帶〕은 바람과 구름같이 풍성했다.	冠帶風雲盛
……	
박인범의 생황 청아했고(문장을 음악에 비유)	仁範笙簧雅
홍유(설총)는 문물예악(黼黻)을 빛나게 했네.	弘儒黼黻披
가사가 청아하니 장적 소리 멀리 들리고	辭淸長笛緞
뜻이 고상하니 복건차림 아름다워라.	意逸幅巾奇
저마다 앞을 다퉈 조반에 오르니	競躡班聯緊
누가 정무의 많음 사양하랴.	誰辭政事坤
당나라 과거에 합격한 고운(최치원)은	孤雲金馬客
동해(신라)의 훌륭한 문장가.	東海玉林枝
훌륭한 문장으로 중국을 울리고	射策鳴中國
천하를 진동시켰네.	馳聲震四陲
높은 이름이 당시에 울려 퍼지고	高芬繁肦釐

남긴 시문은 지금도 메아리로 울린다.   遺韻遠委蛇
　　　　　　　—《동국이상국집》권5, 〈동각 오세문이 고원의 여러 학사에게 드린
　　　　　　　　　　　　　　　　　　　　삼백운의 시에 차운하다〉

　이규보는 이 시에서 천년국가 신라가 군신이 화합해 문물과 예악이 융성한 문명국가를 이룩한 것은 박인범, 설총, 최치원 같은 훌륭한 인재를 배출했기 때문이라고 했다. 즉, 역사 발전은 문명과 문화 수준에 따라, 문명과 문화 수준은 훌륭한 인재의 배출에 따라 결정된다는 것이다.

　이규보는 특별히 최치원을 높이 평가했다. 최치원은 당나라에서 과거에 합격해 그곳의 관리가 되었고, 황소의 난 때 격문을 지어 난을 진정시킬 정도로 중국에서 문명(文名)을 떨쳤다. 이규보는 최치원이 《당서(唐書)》 열전에 실리지 않은 것을 아쉬워하는 글을 남기기도 했다.(《동국이상국집》권22 〈당서에 최치원 열전을 싣지 않은 데 대한 논의〉)

　이규보가 신라의 인물과 문화 수준을 높이 평가한 것은 흥미로운 일이다. 그는 고려 문화와 문명의 근원으로 고구려는 물론이고 신라의 역사에도 주목했던 것이다. 〈동명왕편〉을 근거로 이규보를 고구려 계승의식의 소유자로 단정하는 것은 바람직하지 않다.

'작은 중국'이라 불린 고려

　이규보의 문명의식은 당대 지식인들도 공유하고 있었다. 고려의 문화와 문명에 대한 자부심을 바탕에 깔고 있는 문명의식은, 고려는 중국과 문화 수준이 대등한 나라라는 뜻의 소중화(小中華) 의식과 연결되어 있

다. 소중화 개념이 처음 나타난 것은 11세기 후반 문종(文宗, 고려 11대 국왕, 1019~1083, 재위 1046~1083) 대의 일이다.

> (국왕 문종은) 사람을 알아보는 데 밝았으며, 위엄으로 오랑캐들을 교화하셨다. 오랑캐 풍속(좌임(左衽))을 중화의 풍속(冠)으로 바꾸고, 서쪽 건물에 책을 쌓아두었다. 높으면서도 겸손하여 빛이 나고, 불러서 타이르매 곧 복종했다. 황제가 보낸 조서는 친절하고 간곡했으며, 중국으로 가는 사신이 끊이지 않았다. 성명(聲名)이 빛나고 문물이 번화했다. 그들은 융성한 문물이 중국에 견줄 만하여 소중화라 일컬었다. 선조 왕들의 덕으로 나라가 영화로웠고 왕실이 빛나게 되었다. 재위 38년 동안 문물이 융성했다고 할 수 있다.
>
> —《동문선》권28, 문왕애책(文王哀冊) 박인량(朴寅亮) 찬(1082)

위 글에 따르면, 문종 때 고려의 문물이 중국에 견줄 정도로 번성했기 때문에 송나라 사람들은 고려를 '작은 중국'이라는 뜻의 소중화라 불렀다. 다음 기록에서도 그런 사실을 확인할 수 있다.

> "우리 국가(고려)가 무신정변 이전에는 학문이 빼어난 선비(通儒)나 훌륭한 인물(名士)이 중국보다 많았다. 그래서 당나라는 우리를 '군자의 나라'라고 했다. 송나라는 '문물예악의 나라'라 하고, 고려 사신들이 머무르는 곳을 '소중화관(小中華館)'이라 이름 지었다. 무신정변 이후 난리에 죽지 않은 사람들은 산림으로 도망해 숨었다. 통유(通儒)와 명사(名士)는 백에 한두 명도 남은 사람이 없었다."
>
> —《고려사절요》권35, 공양왕 3년(1391) 6월 박초(朴礎)의 상소문에서

이규보

그리고 송나라는 고려 사신들의 글을 모아 문집을 편찬해줄 정도로 고려의 문물과 예악을 높이 평가했다.

우복야 참지정사(參知政事) 박인량이 죽었다. 박인량은 문장과 가사가 우아하고 화려했다. 송나라 희령(熙寧) 연간(1068~1077) 김근과 함께 송나라에 사신으로 갔다. 송나라 사람들은 두 사람이 지은 편지와 문서(尺牘), 황제께 올린 표문(表狀) 및 여러 서문과 시(題詠)들을 칭찬하고, 그들의 시문을 모아 책을 편찬하여 소화집(小華集)이라는 제목을 붙였다.
—《고려사절요》권9, 숙종 1년(1096) 9월

문물 수준이 중국과 견주어 손색이 없다는 의미의 소중화 개념은 이같이 11세기 후반 문종 때부터 나타난다. 고려 지식인들의 강렬한 문명의식도 이때부터 형성되기 시작했다.

이제현(李齊賢, 1287~1367)도 문종 대를 높이 평가했다. "문종은 불필요한 관리를 줄여 비용을 절약했다. 창고 곡식이 남아 썩어 문드러질 정도로 집집마다 넉넉하고 사람마다 풍족해 나라가 부유하게 되었다."고 하면서, 문종 대를 태평성대라 했다.(《고려사》권9, 문종 37년 이제현 사론)

1071년(문종 25) 고려는 거란과의 전쟁으로 중단된 송나라와의 외교관계를 약 50년 만에 재개했다. 송나라는 고려와 교류를 재개하면서 고려를 새롭게 인식하고 '소중화(小中華)'라 불렀던 것이다. 물론 상감청자 제작기술, 인쇄술, 제지술, 공예기술 등 고려의 문화와 문명 수준이 절정을 맞은 것은 12세기의 일이지만, 이는 11세기 문종 대의 정치, 경제적 안정에서 비롯한 것이다.

참고로 소중화는 조선시대에 더 많이 사용된 개념이다. 그러나 그 의

미는 전혀 달랐다. 명나라의 멸망과 청나라의 등장으로 조선 지식인들은 중화문명의 맥이 끊어졌다고 생각했다. 그들은 조선이야말로 중화문명의 계승자라며 소중화임을 자처했다. 따라서 조선시대에 사용된 소중화 개념은 중국 한족(漢族)을 중화문명의 중심으로, 주변국을 오랑캐로 간주하는 중국 중심의 화이론(華夷論)에 근거한 것이다. 조선의 지식인들은 중국을 본받아야 할 문명의 표준으로 삼았다. 즉, 천자국 중국의 문명을 동경하고 그것을 제후국 조선에 실현하려는 노력이 소중화 의식으로 나타난 것이다. 즉, 고려의 문화 수준이 중국과 대등하다는 뜻의 소중화 개념과 그 의미가 전혀 달랐다.

이색(李穡, 1328~1396) 역시 고려가 송나라와 외교관계를 맺은 이후 중국인은 고려를 문물 수준이 높은 소중화로 인식했다고 말했다.

우리 국가가 송나라의 문명 시대를 만나서	國家遭遇宋文明
예악을 서로 닦아 제일의 태평을 이뤘으니	禮樂交修最太平
조칙으로 (고려를) 높임에 천자의 말씀 친밀했고	制誥褒崇天語密
송나라 덕택에 해동(고려) 또한 태평했네.	朝廷覆燾海封淸
(문종이) 병들어 약물을 요구하자 의원을 보내왔고	病求藥物來醫老
군사를 점검해 화가 일어날 조짐을 보고했네.	閱閱軍容報禍萌
만고에 연마키 어려운 충의가 있었거니	萬古難磨忠義在
소중화관이란 말이 어찌 헛된 이름이랴.	小中華館豈虛名

—《목은시고(牧隱詩藁)》권18, 〈옛일을 생각하다〉

이규보

성인의 나라 고구려를 노래하다

이규보는 26세 때인 1193년(명종 23) 고구려를 건국한 동명왕(주몽)에 관한 사실을 시로 노래한 〈동명왕편〉을 지었다.

계축년(1193) 4월 《구삼국사》를 구해 고구려 동명왕 본기를 읽었다. 세상 사람들이 이야기한 것보다 내용이 더 신비롭고 특이한 사실들(神異 之跡)이었다. 처음에는 믿을 수 없어 귀신 이야기(鬼)나 허망한 환상 이 야기(幻)로만 생각했다. 그러나 세 번 반복하여 자세하게 읽으면서 깊이 그 근원에 들어가니, 그 사실들은 환상 이야기(幻)가 아니라 거룩한 성 인 이야기(聖)이며, 귀신 이야기(鬼)가 아니라 신 이야기(神)였다. …… 동명왕에 관한 사실은 변화와 신이(神異)함으로 사람들의 눈을 현혹한 것이 아니라, 실제로 고구려를 건국한 신성한 자취이다. 이것을 기록하 지 않으면 뒷날 무엇을 보겠는가? 이에 시를 지어 기록해서 우리나라가 본래 성인의 나라(我國本聖人之都)인 것을 천하에 알리고자 한다.

—《동국이상국집》 권3, 〈동명왕편〉

이규보는 고구려를 건국한 동명왕에 관한 이야기는 잡귀들의 허황된 얘기가 아니라 고구려를 건국하는 과정을 담은 신성하고 거룩한 이야 기라고 했다. 그는 동명왕이 고구려를 건국한 신성한 행적을 알리고, 고 구려가 성인(聖人)의 나라임을 천하에 알리기 위해 〈동명왕편〉을 저술했 다. 즉, 이 글을 통해 고구려가 문화 수준이 높은 나라임을 알리고자 했 던 것이다.

성인은 지혜와 덕이 매우 뛰어나 길이 우러러 본받을 만한 유교의 이상적인 인간상을 뜻한다. 주로 군주에게 많이 붙여 '성인군주(聖人君主)' 또는 이를 줄여 '성군(聖君)'이라 칭한다. 참고로 문종 때 관료를 지낸 임완(林完)은 문종을 "어질고 성스러운 군주(賢聖之君)"라고 평가했다.(《고려사》권9, 문종 37년, 이제현 사론) 임완은 중국에서 귀화한 고려 관료이다. 그런 그가 문종을 고려가 소중화로 호칭될 정도로 문물을 번성시킨 성인군주로 평가한 사실은 주목할 만하다. 이규보가 동명왕을 성인이라 한 것에도 이 같은 뜻이 담겨 있다. 그는 성인이 건국한 고구려의 높은 문화와 문물 수준을 강조하기 위해 〈동명왕편〉을 저술했다.

　고구려와 신라의 역사를 노래한 두 편의 시는, 고려가 인재가 융성해 문화 수준이 높았던 고구려와 신라를 계승한 문명국가라는 이규보의 문명의식을 보여주는 상징적인 글이다. 이규보의 다음 글에 주목해보자.

두어 폭 종이에 많은 나라가 그려져 있어	萬國森羅數幅牋
삼한은 작은 덩어리같이 모퉁이에 붙어 있다.	三韓隈若一微塊
보는 자여 작다고 하지 마라.	觀者莫小之
내 눈엔 크다고 말하고 싶다.	我眼謂差大
고금에 뛰어난 인재 끝없이 태어났으니	今古才賢袞袞生
중국과 비교해도 크게 부끄럽지 않구나.	較之中夏毋多愧
인재가 있으면 나라요, 없으면 나라가 아니다.	有人曰國無則非
오랑캐는 비록 큰 나라이나 풀과 같은 존재에 불과해	胡戎雖大猶如芥
그대는 중국인이 우리를 소중화라 말한 것을 보지 않았나.	君不見華人謂我小中華
이 말은 진실로 받아들일 만하네.	此語眞堪採

　　　　　—《동국이상국집》권17, 화이도(華夷圖)에 장단구(長短句)를 제(題)함

이규보

11세기 후반에 처음 사용된 소중화 개념은 100년이 지난 뒤 이규보에게서도 나타난다. 그에 따르면 중국인은 훌륭한 인재를 많이 배출한 고려를 소중화라고 불렀다고 했다. 이규보의 문명의식 속에 고려는 소중화라는 자부심이 자리 잡고 있었던 것이다. 이규보의 문명의식은 창조적이고 자존감 넘치는 자의식에서 비롯된 점도 없지 않았지만, 크게는 고려 중기 이후 문물과 예악이 풍성하고 뛰어난 인재가 배출된 전성기 고려의 시대적 산물이기도 했다.

몽골 지배 이후 변질되는 문명의식

고려 문화에 대한 자부심의 원천인 이규보의 문명의식은 세계 최강의 군사력을 갖춘 몽골에 굴하지 않고 저항하는 힘의 원천이 되었다. 고려는 몽골을 물리치기 위해 국가적 대사업인 고려대장경 판각사업에 착수했다. 이를 위해 이규보는 1237년 〈기고문(祈告文)〉을 썼다.

심하도다. 달단(韃靼, 몽골)이 환란을 일으킴이여! 그 잔인하고 흉포한 성품은 이미 말로 다할 수 없고, 심지어 어리석고 엉큼함은 금수보다 심하다. 그들이 어찌 천하 사람들이 공경하는 것을 알 것이며, 그들에게 어찌 불법(佛法)이 있겠는가? 그들은 가는 곳마다 불상과 불경을 모두 불태워버렸다. 부인사에 소장된 대장경 판본도 남김없이 태워버렸다. 아, 여러 해 동안 이룬 공적이 하루아침에 재로 변해, 나라의 큰 보배가 사라졌다. 여러 부처님의 큰 자비심이 깃든 곳에도 이런 짓을 하는데, 무슨 짓을 못하겠는가? …… 그러나 부처님 말씀은 만들어지지도 훼손되지도 않는다. 말씀은 그릇(대장경)에 깃들어 있을 뿐이다. 그릇이 만들어 지고 훼손되는 것은 자연의 분수이다. 훼손되면 다시 고쳐 만드는 것이 마땅하다. 하물며 가정과 국가가 불법을 존중해 받들고 있는데, 구습에 젖어 그대로 지닐 수 없다. 이 커다란 보배(대장경)가 없는데, 어찌 감히 그 만드는 일이 거대하다고 걱정해 꺼리는가?

—《동국이상국집》권25, 〈대장각판군신기고문(1237)〉

몽골을 야만시해서 '달단'이라 부르는 등 고려가 문명국임을 과시하는 강렬한 문명의식이 〈기고문〉에 드러나 있다. 이규보는 부처님의 말씀이 담긴 초조대장경을 불태운 몽골을 문명의 파괴자로 여겼다. 그는 불법 (佛法)과 문명을 수호하기 위해 대장경을 다시 판각하는 대역사(재조 대 장경)의 성공을 기원했다. 또한 대장경 조판을 통해 국왕에서 일반 백성 까지 모든 계층을 결집해 몽골의 침입을 극복하려 했다. 그의 문명의식 이 지닌 긍정적인 측면이라 할 수 있다.

몽골의 1차 침입(1231) 이듬해 최씨 정권은 강화 천도를 결심하지만, 당시 조정 내 반대 여론도 만만찮았다. 그러나 이규보는 최씨 정권의 강 화 천도 실행을 높이 평가했다.

도읍을 옮기는 일은 하늘로 오르는 것만큼 어려운 일
마치 공을 굴리듯 하루아침에 옮겨 왔네.
천도 계획을 서두르지 않았으면
우리 삼한은 이미 오랑캐의 땅이 되었을 것이네.
쇠로 만든 듯이 크고 단단한 성과 주위를 둘러싼 물결
공력을 비교하자면 어느 것이 더 나을까?

천 만 오랑캐 기마병이 새처럼 날아온다 해도

눈앞의 푸른 물결을 건널 수 없으리.

—《동국이상국집》권18, 〈바다를 바라보면서 천도한 것을 추경(追慶)함〉

이규보는 고려 조정이 바다로 둘러싸인 천연의 요새 강화도로 천도하지 않았다면 삼한은 벌써 오랑캐의 땅이 되었을 것이라며 천도를 옹호했다. 물론 위의 글은 강화 천도 후에 지은 것이다.

이규보와 과거 합격 동기생이자 절친한 사이였던 유승단(俞升旦, 1168~1232)은 과거 합격 후 태자를 가르치는 학관(學官)으로 임명되었고 이후 성공한 관료의 길을 걸었지만, 강화 천도에 반대했다. 그는 강화 천도가 단행된 1232년 사망한다.

유승단은 과거 합격 후 바로 관직에 임명되었지만 이규보는 과거에 합격해서도 18년 동안 백수로 지냈다. 문반인 부친이 무신정변 때 피해를 입지 않고 관료생활을 할 정도로 가정이 순탄했다. 그러나 당시에 무신 권력자의 천거를 받지 않으면 관리가 될 수 없었다. 실제로 이규보도 당시 권력자 최이의 천거로 1208년에야 그토록 바라던 정식 관료가 되었다. 무신 권력자의 천거를 받아 관료가 된 그로서는 천도에 찬성할 수밖에 없었을 것이다.

절친한 두 사람 사이에도 의견이 갈릴 정도로 강화 천도는 당시로서는 쉽게 합의될 수 없는 문제였다. 그러나 이규보는 최씨 정권의 천도를 옹호했고, 천도 이듬해인 1233년 재상이 되었다. 그야말로 초고속 승진이었다. 이후 그는 강화 천도를 찬양하는 글을 짓는 등 최씨 정권을 옹호하는 문객이자 문사로 변신한다. 이뿐 아니라 각종 외교문서와 최씨 권력자들을 위한 문장을 짓는 등 최씨 정권의 철저한 이데올로그가 된다.

그러나 강화 천도를 강행한 최씨 정권은 육지에서 몽골의 침략에 시달린 백성의 외면을 받아 점차 몰락의 길로 접어든다. 그런 점에서 최씨 정권의 강화 천도를 찬성한 이규보의 문명의식은 때로는 연구자들로부터 비난을 받기도 한다. 어쨌든 13세기 전반 몽골 항쟁기를 거친 고려는 13세기 후반에 몽골의 제후국으로 전락한다. 이에 따라 '고려는 중국과 다른 또 하나의 천하 중심'이라는 다원적 천하관과 '고려는 중국과 문명 수준이 대등하다'는 소중화 의식은 변질을 강요당한다. 이규보의 문명의식은 그 분기점에 놓여 있었던 것이다. 이규보만 그러했던 것이 아니다. 고려 중기 지식인의 문명의식 자체가 크게 변질될 수밖에 없었다.

이규보

1224년(고종 11) 출생.

1235년(고종 22, 12세) 명유 신서(申諝)에게《좌전》과《주역》을 배움.

1237년(고종 24, 14세) 부친상. 종조모 북원군부인 원씨에게 의탁.

1252년(고종 39, 29세) 급제(좌주 최자). 어머니를 뵈러 삼척에 감.

1253년(고종 40, 30세) 몽골군 침입, 귀경길 막혀 삼척 두타산에서 어머니 봉양.

1258년(고종 45, 35세) 몽골과 강화. 왕정복고.

1263년(원종 4, 40세) 안집사 이심의 권유로 귀경.

1264년(원종 5, 41세) 동문원 수제에 임명됨.

1270년(원종 11, 47세) 삼별초의 난 때 체포되었다 탈출, 개경 귀환.

1273년(원종 14, 50세) 황후·태자 책봉을 하례하기 위해 서장관으로 원나라에 감.

1274년(원종 15, 51세) 원종 죽음. 2차 원나라 사행. 양광충청주도 안렴사가 되어 뇌물을 받은 관리들을
탄핵한 이유로 동주(철원) 부사로 좌천. 스스로 '동안거사'라 함.

1280년(충렬왕 6, 57세) 충렬왕의 사냥과 유흥을 비판하다 파직. 삼척 두타산에 은거.

1281년(충렬왕 7, 58세) 일연,《삼국유사》완성.

1287년(충렬왕 13, 64세)《제왕운기》완성, 충렬왕에게 바침.

1290년(충렬왕 16, 67세) 원나라 사행 때 지은 글을 모은〈빈왕록〉편찬.

1298년(충선왕 즉위년) 사림시독 좌간의대부에 제수되었으나, 사직함.

1300년(충렬왕 26, 77세) 사망.

이승휴

원의 지배 속에서 고려의 정체성을 지킨 역사가

불의를 참지 못해 파직되다

감찰사(監察司)에서 상소를 올렸다. "나라 형편은 어려운데, 날씨는 가물고 백성은 굶주려 있습니다. 왕께서 사냥하고 연회를 벌일 때가 아닙니다. 전하께서는 어찌 연회와 사냥에 몰두하면서 백성은 돌보지 않으십니까. …… 또 홀치(忽只, 왕을 지키는 위사)와 응방(鷹坊, 매사냥 관리기관)이 다투어 궁중에서 잔치를 벌여 금을 오려서 꽃을 만들고 실을 꼬부려서 봉황을 만드는 등 그 사치의 지나침을 말로 표현하기 어렵습니다." 왕이 크게 화를 내며 상소를 작성한 주모자를 조사하게 했다. …… 전중시사(殿中侍史) 이승휴를 파직했다.

—《고려사절요》 권20, 충렬왕 6년 3월

감찰사 소속 관원 이승휴(李承休, 1224~1300) 등이 충렬왕과 그 측근세

엄치욱의 《가장보(家藏寶)》 화첩에 실린 〈죽서루〉(19세기) 《동안거사집》에는 1266년(원종 7년) 이 승휴가 삼척의 죽서루에 올라 시를 지었다는 기록이 남아 있다.

력을 비판한 10개 조항의 상소 가운데 대표적인 내용이다. 그는 이 상소로 파직되어 16년간의 관료생활을 접게 된다. 57세 때인 1280년(충렬왕 6)의 일이다.

이승휴는 29세인 1252년(고종 39) 과거에 급제했다. 그러나 급제의 기쁨은 오래가지 않았다. 이듬해 합격 소식을 전할 겸 홀어머니(아버지는 이승휴가 14세 때 별세)를 뵈러 외가인 삼척에 갔는데, 이 지역에 몽골군이 침략하는 바람에 길이 막혀 강도(江都, 임시수도 강화도)로 돌아갈 수 없었다. 그는 삼척 두타산(頭陀山) 구동(龜洞)에서 12년 동안 농사를 지으며 홀어머니를 봉양했다. 그토록 바랐던 관리의 길을 전쟁이 가로막았던 것이다. 이승휴는 전쟁이 끝난 뒤에야 관리가 되었다. 다음은 이승휴의 이야기다.

(과거 합격 후) 12년이 되는 계해년(1263, 원종 4) 겨울 병부시랑 이심(李深)이 안집사로 관동 지방에 왔다. 그는 나에게 "지금 국왕은 훌륭하시고 어진 재상들이 앞에서 인재를 발탁하고 있는데, 헛되이 궁벽한 시골에서 늙으며 군신의 의리를 저버려야 하겠는가?"라고 말하고는 말을 주며 서울로 가라고 권유했다. 그다음 해(1264) 정월 나는 두 번째 좌주(동지공거) 황보기(皇甫琦)에게 글을 올려 동문원(同文院, 문헌과 문서를 보관하고 기록을 담당하는 기관) 수제(修製)에 임명되었다.

— 《동안거사집(動安居士集)》 행록(行錄) 권1, 〈구관시(求官詩)〉

이와 같이 이승휴는 급제 후 12년이 지나서야 관료가 되었다. 1280년(충렬왕 6) 파직되기 전에도 한 차례 좌천된 적이 있다. 1274년(충렬왕 1) 양광충청주도 안렴사로 임명되어 뇌물을 받은 관리 7명을 탄핵하고 재산을 몰수했다. 그러나 이 일로 권력자의 미움을 받아 동주(東州, 철원) 부사로 좌천되는 아픔을 겪었다. 이때 그는 '파직이나 좌천으로 옮겨 다니는 것이 오히려 더 편안하다(동안(動安))'는 뜻으로 '동안거사(動安居士)'라는 호를 지었다. 불의를 못 참는 그의 성품은 관료로 성공하기에 적합하지 않았던 것이다. 《고려사》에 기록된 그에 대한 평가도 그러했다.

(충렬왕) 26년(1300) 이승휴가 죽었다. 나이 77세였다. 그는 성질이 정직하여 세상 사람들처럼 지위도 명예도 재산도 요구하지 않았다.

— 《고려사》 권106, 이승휴 열전

이승휴

충렬왕을 위해 지은 《제왕운기》

이승휴는 실패한 관료였지만 문장가와 역사가로서 탁월한 재능을 발휘했다. 문장가로서의 자질은 일찍이 드러났다. 1273년(원종 14) 원나라 사행 때 쿠빌라이 황제(원 세조)는 이승휴가 올린 글을 크게 칭찬했다. 이로 인해 그의 문장은 천하에 널리 알려졌다고 한다.

1280년(충렬왕 6) 충렬왕을 비판하다 파직된 후의 삼척 은거는 그의 내면에 잠재된 역사가의 재능을 꽃피우게 했다. 전화위복이라 할까?

(1280년 파직된 후 이승휴는 삼척) 구동의 옛집에 은거했다. (겨우 무릎을 펼 수 있을 정도로 작지만 편안하다는 뜻의) 용안당(容安堂)이란 이름의 집을 지었다. 그곳에서 불교 서적들을 읽고, 《제왕운기(帝王韻紀)》와 《내전록(內典錄)》을 저술했다.

—《고려사》 권106, 이승휴 열전

1287년(충렬왕 13) 이승휴는 《제왕운기》를 저술했다. 파직 후 은거한 지 7년 만이다. 다음은 《제왕운기》를 저술해 바치면서 충렬왕께 올린 글의 일부이다.

변변치 않은 글은 제 평생의 업입니다. 벌레 소리와 같은 변변치 않은 글로 임을 그리워하는 마음(鶴戀)을 더하여 편찬한 것입니다. 예로부터 지금까지 황제들이 이어온 중국의 역사는 반고에서 금나라까지, 우리나라의 역사는 단군에서 고려까지 그 근원을 책에서 두루 찾아, 같고 다름을 비교하여 그 요점을 추려 시로 읊어 만들었습니다. 계승하고 흥망한

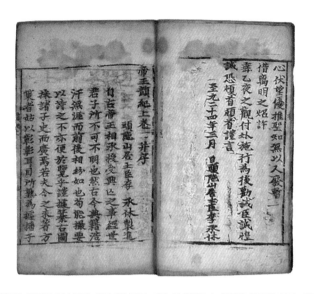

《제왕운기》 1287년 이승휴가 시의 형식으로 지은 역사책이다. 상권은 중국의 역사, 하권은 한국의 역사를 읊었다. 모두 2,370자이다.

사실들이 손바닥을 보듯 분명합니다. 무릇 선대가 이루어놓은 것을 취하고 버림이 마음에 환하게 드러납니다. 바라건대 버리지 마시고 읽어주시고, 밖으로 시행하여 뒷날 좋은 일은 권면하고 나쁜 일은 경계하시기 바랍니다.

—《제왕운기》진정인표(進程引表)

위 글에 따르면《제왕운기》는 오로지 충렬왕을 위해 저술되었다. 시의 형식을 빌려 중국과 우리나라 제왕(帝王)들의 계승과 흥망의 자취를 읽기 쉽게 서술해, 충렬왕으로 하여금 역사의 교훈을 얻게 하려 한 것이다. 다음은《제왕운기》의 또 다른 모습이다.

이승휴

고금의 전적은 한없이 많아 끝이 없고, 앞뒤 (일들은) 서로 뒤섞여 어지럽다. 만약 능히 요체를 취하여 시로 읊을 수 있다면 또한 보기에 편하지 않겠는가? 삼가 옛 책을 근거하여 짓고 제자(諸子)의 서적과 역사책을 채택하여 확충했다. 아직 책에 기록되지 않은 것은 우선 분명하게 익히 듣고 본 것을 근거로 읊조리기에 알맞게 지었다. 선하여 본받을 만한 것과 악하여 경계로 삼을 만한 것은 권선징악을 강조한《춘추(春秋)》필법을 따랐다. 제목을 '제왕운기'라 했다. 모두 2,370자이다.

—《제왕운기》권상, 서문

제목 그대로 중국과 우리나라 역대 제왕들의 즉위와 계승, 흥망의 자취를 2,370자의 '시로 기록'〔운기(韻紀, 운문으로 기록)〕한 책으로, 영사시(詠史詩) 혹은 서사시(敍事詩) 형식의 역사책이다. 역사적 사실과 사건, 인물을 평가해 시로 읊은 이 책은 고구려를 건국한 동명왕의 역사를 시로 읊은 이규보의《동명왕편》과 맥이 닿는다.

이승휴는 '세상을 다스리는 군자는 옛 제왕의 계승과 흥망을 밝혀야 한다.'고 했다.(《제왕운기》권상 서문) 제왕의 계승과 흥망의 자취에서 권선징악의 역사적 교훈을 얻어 충렬왕의 통치에 보탬이 되도록 하기 위해 이 책을 편찬했다고 했다. 일반인이나 관료를 위한 저작은 아니었다.

《제왕운기》에서 밝힌 우리 역사의 시원

《제왕운기》는 중국과 구별되는 우리나라 역사의 독자성을 강조했다. 즉, 지리적으로 중국 대륙에 연결되지만, 요동을 경계로 '조선'이라는 독자적 영역과 역사가 존재했음을 강조했다. 또한 중국인조차 영토는 작지만 중국과 대등한 문화를 가졌다고 해서 고려를 '작은 중국'이라는 뜻의 소중화로 높여 불렀다고 했다.

> 요동에 또 다른 천지가 있어서, 중국과 구별되어 나뉘어 있네.
> 큰 파도 넓은 바다가 삼면을 둘러싸고, 북쪽은 육지와 실처럼 연결되고
> 가운데 사방 천 리가 조선이네. 강산의 아름다움은 천하에 이름을 떨쳤다.
> 땅 갈고 우물 짓는 예의 바른 나라, 중국인은 소중화라 불렀다.
> —《제왕운기》 권하

또한 우리 역사의 시원을 단군조선에서 찾았다.

> 처음 누가 나라를 열었나, 석제(釋帝)의 손자 단군이다.
> 요 임금과 같은 무진년에 건국해, 순 임금 지나 하나라까지 계시다가
> 은나라 무정 8년, 아사달 산에 들어가 신선이 되었다.
> 1,028년간 나라를 다스렸다.

삼한, 부여, 비류국, 남북 옥저와 예맥 삼국으로 이어지는 왕조들은 단군의 후손들이 건국한 것이라 했다.

> 각자 나라 세워 서로 침략하니, 칠십여 개 나라 이름 밝힐 것 있나.
> 이 가운데 대국은 어디인가, 먼저 부여와 비류국이며
> 다음은 신라와 고구려, 남북 옥저, 예맥이다.
> 이들 군장은 누구의 후손인가, 그 계통은 단군에서 이어졌다.

이승휴

발해는 고구려를 계승한 왕조라 하여, 우리 역사에 포함해 서술했다.

옛 고구려 장수 대조영은 태백산 남쪽 성을 근거지로 하여
주나라 측천무후 원년 갑신년 개국하여 발해라 이름을 지었다.

《제왕운기》는 이같이 우리 역사의 독자성과 시원을 밝히고, 그 계승
관계를 체계화한 역사책이다. 이 점에서 같은 시기 편찬된 일연(一然,
1206~1289)의 《삼국유사(三國遺事)》(1281)의 역사인식과 크게 다르지 않
다. 또한 연구자들은 두 역사책이 13세기 후반 원나라의 압제에 대항해
고려의 정체성을 강조하기 위해 저술된 것이라 평가한다.

그렇다면, 이것으로 《제왕운기》의 특징은 모두 밝혀진 것일까?

고려와 원의 관계사에 주목하다

《제왕운기》는 우리나라 역사와 함께 중국 역사를 서술한 점에서 《삼국
유사》와 달랐다. 이승휴는 충렬왕에게 올린 글에서 중국 왕조는 반고에
서 금나라까지 서술했다고 하나, 실제로는 그가 살던 당대의 원나라 역
사까지 서술했다. 특히 원나라 역사에 주목했다는 점이 이 책의 또 다른
특징이다. 그 내용은 다음과 같다.

우리 상국(上國) 대원(大元)이 건국되어, 널리 백성들(黔蒼)로 하여금 모
여들게 하였네.
높고 크고 넓은 모습 다 이름 붙일 수 없고, 우리 군주 덕을 함께해 저

같이 빛을 떨쳤네.

온 천하가 말과 배를 타고 와서 신하가 되고, 중화와 산천이 모두 예물
을 가지고 신하의 예를 취했다.

토지는 광대하고 인민은 많아, 세상이 처음 생긴 이래 비할 곳이 없구나.

—《제왕운기》 권상

이승휴는 원나라를 고려의 상국(上國)이라 했다. 고려는 자연히 그 제
후국이 된다. 그는 원나라는 천하 모든 국가가 복속할 정도로 유사 이래
가장 넓은 영토와 많은 인구를 가진 나라라고 했다.

한편 우리나라 역사는 충렬왕 대까지 서술되어 있는데, 이승휴는 특히
원종과 충렬왕의 역사에 주목했다. 그는 임연(林衍, ?~1270)의 정변으로

폐위된 원종이 원나라의 도움으로 복위한 사실에 대해, '그 형세가 천지가 다시 만들어진 것 같다(勢似再乾坤).'고 했다. 원종의 왕위 회복에 원나라의 역할이 컸음을 강조한 것이다. 충렬왕 대에 대한 서술에서도 원나라와의 관련성을 강조했다.

천자 누이 왕비가 되었고, 황제 외손자는 세자가 되었네.
왕업은 다시 빛나고, 황제 은혜는 멀리까지 스며들었도다.
청사에 태평을 칭송하고, 백성들은 즐거움을 노래한다.
바라건대 억만년 동안 오래 부귀를 누리기를.
후량, 후당, 후진, 후한, 후주와 송과 금이 모두 멸망했다.
오랫동안 백성을 다스린 어진 나라는 몇 나라이던가.
평화의 시기(명시(明時))를 맞이한 것을 경사스럽게 여겼네.

—《제왕운기》권하

위 글에 따르면, 충렬왕 때 고려가 원나라 부마국의 지위로 제후국이 되면서 비로소 평화의 시대를 맞이해 왕조의 정체성을 유지하게 되었다는 것이다. 같은 시기에 멸망한 송나라, 금나라와 달리 고려가 끝까지 왕조를 유지할 수 있었던 것도 이 때문이라 했다. 원나라와 충렬왕의 역사를 강조한 것은 《제왕운기》의 또 다른 특징이다.

이승휴는 원의 부마국이 된 충렬왕 대에 '평화의 시기를 맞이한 것을 경사스럽게 여겼다(自慶逢明時)'고 했다. 자신이 살던 충렬왕 대를 평화의 시기로 보았던 것이다. 이것은 이승휴만의 생각은 아닌 듯하다. 다음의 기록을 봐도 그러하다.

왕이 공주와 함께 수레를 타고 개경의 성 안으로 들어왔다. 부로(父老) 들이 서로 경축하면서, "백 년이나 계속된 전란의 여파로 태평의 시대를 다시 보리라고는 꿈도 꾸지 못했다[不圖 百年鋒鏑之餘 復見太平之期]."고 했다.

—《고려사》권28, 충렬왕 즉위년(1274) 11월

위 글의 '백 년의 전란[百年鋒鏑]'은 무신정권(1170~1270) 초기의 하층 민 반란에서 삼별초 항쟁(1270~1273)과 일본 원정(1274)에 이르기까지 각 종 전쟁과 내란을 말한다. 지긋지긋한 전란의 종식을 희구하는 심정이 당시 조야에 널리 퍼져 있었음을 알려주는 기록이다. 그러한 바람이《제 왕운기》서술에도 반영되어 나타났다.

원나라 방문 경험으로 만들어진 새로운 역사인식

이승휴는 우리 역사의 출발점으로 단군조선을 처음으로 주목하면서 원나라를 인류 역사상 가장 넓고 큰 나라로 보았다. 그는 우리 역사의 유 구성과 주체성, 고유성을 강조하면서도, 고려를 복속한 원나라에 적대감 을 보이지 않았다. 원의 지배를 받은 당대를 살고 있는 인물이라서 그랬 을까? 어떻든《제왕운기》는 자주와 사대의 이분법으로 역사를 평가하지 않았다. 즉, 다원적 역사인식을 담고 있다. 이승휴의 다원적 역사인식은 어떻게 형성된 것일까?

이승휴는 사신단의 일원으로 원나라를 두 차례 방문했다. 이때의 경 험이 그의 역사관 형성에 영향을 끼쳤다. 1273년(원종 14) 6월 고려는 원나라 황후와 황태자의 책봉을 축하하는 사신단을 원나라에 보낸다. 당시 50세였던 이승휴는 각종 문서 작성과 기록을 담당하는 서장관(書狀官)으로 뽑혀 순안후(順安侯) 왕종(王悰, 원종의 3남)을 대표로 하는 사신단의 일원으로 사행길에 오른다. 1273년 6월 9일 개경을 출발해 10월 3일 개경에 도착하는 일정이었다. 이것이 이승휴의 1차 사행이다. 그리고 2차 사행은 1274년 6월 19일 국왕 원종이 승하해 이를 원나라에 알리는 사행으로, 6월 21일 출발해 8월 24일 개경에 도착하는 일정이었다.

두 차례의 사행은 《동안거사집》 권4에 수록된 〈빈왕록(賓王錄)〉(1290년, 충렬왕 16년 편찬)에 실려 있다. 이승휴는 원나라로 가는 여정과 원나라 문물과 제도를 보고 느낀 점을 시문으로 〈빈왕록〉에 남겼는데, 내용은 모두 1차 사행 때의 것이다. 1차 사행 때 새로 책봉된 황후와 황태자에게 하례를 올린 것은 물론, 신축한 궁전에서 원나라 황제 쿠빌라이를 세 차례나 조회했다. 이 두 차례의 원나라 사행은 고려 내부에 머물러 있던 그의 시야가 확대되는 계기가 되었다. 또한 그의 역사인식과 세계관 형성에 적지 않은 영향을 끼쳤다.

1273년 8월 25일 고려 사신단이 신축된 황궁 장조전(長朝殿)에서 쿠빌라이 황제를 알현했는데, 아래의 글은 당시 이승휴가 고려 국왕을 대신해 황제에게 지어 올린 표문의 일부이다.

한 사람이 중심에서 자리를 잡으니, 천하가 끝없이 넓어졌구나.
멀고 가까운 사람이 모두 찾아와 기뻐하니, 중화와 오랑캐가 모두 복종하네.
두터이 베풀고 어짊이 넘치니, 만물이 함께 기뻐하네.
천하에 태평을 이루었으니 황제와 황후께 아름다운 칭호를 더하리.

땅의 도는 한층 빛나고 천둥 같은 위엄은 더욱 빛나리라.

기쁨에 찬 얼굴들은 앞다투어 옥백을 가지고 달려가고

작은 삼한도 별도로 만수무강을 간절히 빌었네.

— 〈빈왕록〉 1273년 8월 25일

중화와 오랑캐를 복속해 태평을 이룬 천하의 중심 원나라와 황제를 칭송하는 표문이다. 고려 국왕의 생각이 반영된 표문이지만, 이승휴 스스로 두 나라의 현실적인 관계에 대한 이해와 공감 없이는 이 같은 내용의 표문을 작성할 수 없었을 것이다.

〈빈왕록〉은 1290년에 작성되었지만, 내용은 1273년 1차 사행 당시의 기록을 정리한 것이다. 즉,《제왕운기》(1287)보다 약 15년 이전의 이승휴의 생각을 살펴볼 수 있는 기록이다. 당시 그는 표문에 나타난 바와 같이 원나라를 천자국으로 인정하고 받아들이고 있다. 앞에서 지적했듯이《제왕운기》에 담긴 원나라와 충렬왕에 대한 역사서술과 다르지 않다. 따라서 원나라 사행 때의 경험이《제왕운기》서술에 반영되었던 것이다.

이승휴는 쿠빌라이 황제 때 신축된 황궁 장조전을 다음과 같이 경이로운 시선으로 바라보았다.

황제 폐하가 여러 나라 제후를 (신축한 장조전에) 모이게 해 이달(8월) 27일 낙성식을 했다. 깃발과 우산 등의 모든 기구가 하늘에 휘날리며 태양을 가리어, 사람들의 눈을 어지럽게 했다. 대왕에서 백관에 이르기까지 모두 새벽에 모여 조복에 홀을 잡고 뜰 가운데 섰다. …… 여러 나라 제후는 저마다 복식을 입고 가장 마지막 행렬에 서게 했다. 갑자기 황제가

이승휴

편전에서 나와 장조전 위에 올라가 황후와 함께 하례를 받았다. 그 예식은 우리나라와 대동소이했다. …… (관반사) 후우현 학사는 "이 궁전의 뜰은 1만 명을 받을 수 있는데, 지금은 7,000명이 참여한다"고 했다.

—〈빈왕록〉 1273년 8월 24일

위 글은 이승휴가 황궁에서 쿠빌라이 황제를 알현한 사실을 기록한 개인 차원의 체험담처럼 보인다. 그러나 이때의 경험은 이승휴가 말로만 듣던 세계제국 원나라를 새롭게 인식하는 계기가 되었고, 그의 세계관과 역사인식에 커다란 영향을 끼쳤던 것이 분명하다. 그것이《제왕운기》서술에도 반영된 것이다.

《제왕운기》는 단군조선을 우리 역사의 출발점으로 보았고 중국과 구별되는 우리 역사의 독자성을 강조했는데, 연구자들은 그동안 이 점에만 주목했다. 한편, 이승휴는《제왕운기》에서 원나라와의 우호관계가 시작된 원종과 충렬왕의 역사를 강조했다. 특히 충렬왕 대에 원나라의 부마국이 되어 고려가 정체성을 유지할 수 있었던 사실을 강조한 것이다. 그동안 연구자들은 이승휴가 원나라의 고려 지배를 현실적으로 인정하고 그에 대해 적대적인 서술을 하지 않은 사실에 대해서는 드러내지 않았다. 단군조선을 강조한 사실과 어긋나기 때문일까? 이승휴가 다원적인 역사인식의 소유자라는 사실을 감안한다면 단군조선과 원나라를 함께 강조한 그의 역사서술은 결코 모순적이지 않다.

이승휴의 다원적인 역사인식은 여러 경로를 통해 형성된 것이지만, 두 차례 원나라 사행이 그의 세계관과 역사인식 형성에 적지 않은 영향을 끼쳤던 것이 분명하다.《제왕운기》에서 세계제국 원나라의 강대함을 강조한 서술은 외면하고 단군조선을 강조한 내용에만 주목할 이유는 없다.

반대의 경우도 마찬가지이다.

《제왕운기》속에는 단군을 강조하는 자주의 측면과 원나라를 상국으로 인식하는 일종의 사대적 측면의 역사서술과 인식이 공존하고 있다. 다원적 역사인식이라는 또 다른 특성을《제왕운기》에서 발견하게 된다.

이승휴

1287년(충렬왕 13) 개경에서 출생.

1301년(충렬왕 27, 15세) 급제. 좌주인 권부의 딸과 혼인.

1303년(충렬왕 29, 17세) 봉선고 판관과 연경궁 녹사를 임시로 맡음.

1312년(충선왕 4, 26세) 서해도 안렴사가 됨.

1314년(충숙왕 1, 28세) 충선왕의 부름을 받아 원나라에 감.

1316년(충숙왕 3, 30세) 황제 명령으로 중국 서촉(西蜀) 지방에 사신으로 감.

1319년(충숙왕 6, 33세) 충선왕 수행하여 중국 강남 지역 여행.

1320년(충숙왕 7, 34세) 충선왕 수행 공로로 공신에 책봉. 과거 고시관이 되어 이곡 등을 선발.

1321년(충숙왕 8, 35세) 충선왕 토번 유배. 부친상.

1342년(충혜왕 복위 3, 56세) 《역옹패설》 지음.

1346년(충목왕 2, 60세) 민지의 《편년강목》 수정 증보. 충렬왕·충선왕·충숙왕의 실록 편찬.

1353년(공민왕 2, 67세) 과거 고시관으로 이색 등을 선발.

1356년(공민왕 5, 70세) 공민왕의 반원개혁. 문하시중이 됨.

1357년(공민왕 6, 71세) 벼슬에서 물러남. 《국사》와 《금경록》 편찬.

1367년(공민왕 16, 81세) 사망.

이제현

'고려판' 현대사 연구가

한유와 사마천에 버금가는 문장가

《역사란 무엇인가》의 저자 E. H. 카(E. H. Carr, 1892~1982)는 역사가는
먼저 훌륭한 문장가여야 한다고 말했다. 쉽고 공감을 불러일으키는 문장
은 인간의 과거 행위와 경험을 정리하고 평가해 미래를 전망하는 역사가
에게 필요한 덕목이다.

그런 점에서《사기》(기원전 91)를 편찬한 중국의 사마천(司馬遷, 기원전
145?~기원전 86?)은 후대에 모범이 되는 역사가이다. 우리나라 고려시대
의 경우에는《삼국사기》를 편찬한 김부식과《제왕운기》를 저술한 이승
휴, 그리고 원 간섭기 100년의 역사를 정리한 이제현(李齊賢, 1287~1367)
이 대표적인 인물이다.

이색(李穡, 1328~1396)이 1353년(공민왕 2) 과거에 급제했을 당시, 과거
시험을 주관한 좌주[座主, 지공거(知貢擧)]는 이제현이었다. 이색은 이제

이제현 초상 원나라 화가 진감여의 작품이다. 1319년 원나라 여행 중 항주에서 진감여를 불러 그리게 했다.

현의 문생(門生)이 되는데, 당시 좌주–문생 관계는 부자관계에 비유될 정도로 관직 진출과 출세에 결정적인 역할을 했다. 이제현은 이보다 약 30년 전인 1320년에도 과거시험을 주관한 바 있는데, 이때는 이색의 아버지 이곡(李穀, 1298~1351)이 급제했다.

당시 관리들은 과거시험을 주관하는 좌주가 되는 것을 최고의 영예로 여겼다. 더욱이 이색 부자와 같이 출중한 인물들을 문생으로 배출한 이제현은 더할 나위 없는 영예를 지닌 인물이다.

그러나 이러한 이제현에 대한 평가는 엇갈린다. 신돈(辛旽, ?~1371)은 이제현을 다음과 같이 비판했다.

신돈은 공민왕에게 "유자(儒者)들이 중앙과 지방에 널리 포진해서 좌주니 문생이니 하면서 서로 청탁을 하여 욕심을 채웁니다. 이제현의 문생들은 또 문생을 배출해서, 나라에 도둑이 가득 차게 되었습니다. 유자들의 폐단이 이같이 심합니다."라고 했다.

—《고려사》권110, 이제현 열전

신돈은 좌주-문생 관계가 이익집단 관계로 발전하여 사욕을 채우는 폐단을 날카롭게 지적했다. 신돈이 개혁할 무렵 이제현은 이미 관직에서 물러나 있었지만, 영예를 안겨주었던 좌주-문생 관계가 도리어 말년의 이제현을 곤경에 빠뜨릴 정도로 신돈의 비판은 신랄했다.

사실 최씨 무신정권 붕괴와 왕정복고의 주역은 좌주-문생 관계를 통해 형성된 문신 정치세력이었다. 좌주-문생 관계가 새로운 정치 흐름의 물꼬를 트는 데 긍정적으로 작용한 측면이 있었다. 다만 고려 말에 이르러 그 관계가 보수화되고 이해관계에 얽매이면서 부작용이 많아졌는데, 신돈은 그 점을 비난한 것이다. 그러나 역사인물로서 이제현을 주목하고 평가해야 할 지점은 다른 곳에 있다.

이색은 자신의 스승이자 좌주인 이제현을 다음과 같이 평가했다.

천지의 정기가 쌓여 우리 공(이제현)께서 태어나셨네.	天地儲精 公乃挺生
문장을 관장한 보석 같은 규성(奎星)이 밝게 비춰 공의 문장을 일으켰네.	奎壁耀芒 公廼發揚
몸은 해동에 있었지만, 이름은 천하에 넘쳐흘렀네.	名溢域中 身居海東
도덕과 문장은 최고의 경지와 지위에 이르렀으니	道德之首 文章之宗
태산북두이신 창려의 한유(韓愈)이며,	北斗泰山 昌黎之韓

비 갠 뒤의 바람과 달〔光風霽月〕 같으신 춘릉의   光風霽月 春陵茂叔
주돈이(周敦頤)이시네.

— 이색 찬,《익재집》부록,〈이제현 묘지명〉

이색은 스승 이제현이 도덕(성리학)과 문장에서 최고의 경지에 올랐다고 평가했다. 또한 문장에서 이제현을 당송팔대가(唐宋八大家)의 한 사람인 한유(韓愈, 768~824)에 버금가는 인물로 평가했다. 한유는 남북조시대에 성행한 사륙변려문(四六騈儷文)이 번거롭고 수식이 가득한 문체라는 점을 들어 배격하고, 경전의 뜻을 담은 원래의 문장〔文以載道〕을 사용하자는 고문운동(古文運動)을 일으켰다. 이제현 역시 그 주역들 중 한 사람이었다.

이제현을 훌륭한 문장가로 본 이색의 평가는 계속된다. 이제현은 관료 생활의 대부분을 교서와 외교문서를 지으며 보냈다고 한다.

공(이제현)은 15세 때 과거에 급제한 이후 그 명성이 한 시대를 뒤덮을 정도였다. 관료가 된 이후 오직 문장 짓는 일에 매달렸다. 예문관과 춘추관에서 문장을 쓰는 직책을 맡은 이래 재상과 봉군으로 책봉될 때까지, 충정왕이 재위한 3년을 제외하고, 글 짓는 일을 떠난 적이 없었다.

—《목은문고(牧隱文藁)》권16,〈이제현 묘지명〉

이제현이 황제의 명에 따라 중국 서촉(西蜀) 지방에 사신으로 가거나 충선왕을 수행하여 강남 지방을 여행하며 지은 시문은 당시 사람들에게 널리 읽히고 전했다.

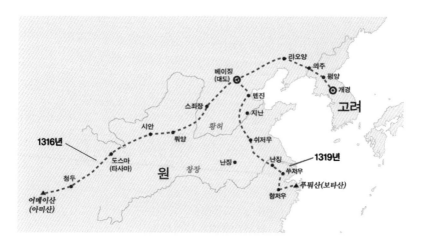

이제현의 중국 여행 이제현은 두 번에 걸쳐 중국을 여행했다. 1316년 서촉의 명산 아미산에 다녀 왔고, 1319년에는 충선왕과 함께 절강성의 보타산에 갔다.

1316년(충숙왕 3) 이제현은 황제의 명령을 받아 중국 서촉 지방에 사신 으로 갔다. 그가 가는 곳마다 지은 시가 많은 사람의 입에서 입으로 전 했다. …… 1319년(충숙왕 6) 충선왕이 황제의 명으로 향(香)을 내려주기 위해 중국 강남 지역에 갔다. 여러 정자와 아름다운 경치를 보고 흥이 돋을 때 시를 읊었다. 충선왕은 조용히 "이런 곳에 이제현이 없을 수 없 지."라고 말했다.

—《고려사》권110, 이제현 열전

이색은 한 걸음 더 나아가 이제현을 사마천에 비유했으며, 중국에서 태어났더라도 최고 문장가로 평가받았을 것이라고 했다.

〔선생은 천촉(川蜀) 지방과 오회(吳會) 지역까지〕 만 리가 넘는 거리를 오가면

서 웅장한 산하와 특이한 풍속, 옛 성현의 유적 등 아주 넓고 크거나 빼
어난 경치를 보고 남김없이 모두 글로 남겼다. 선생의 자세하면서 호탕
한 기운은 사마천과 거의 같은 경지였다. 만약 선생이 중국의 관리가 되
어 황제의 글을 짓는 곳에 있었다면, 공업을 이루어 당대의 훌륭한 군자
들에 결코 뒤지지 않았을 것이다.

— 이색,《익재집》서문,〈익재선생난고서(益齋先生亂藁序)〉

역사가의 길로 들어서다

이제현은 재상을 역임한 이진(李瑱, 1244~1321)의 아들이다. 본관
은 경주이다. 1301년(충렬왕 27) 과거에 급제했으며, 같은 해 권보(權溥,
1262~1346)의 사위가 되었다. 권보는 충선왕의 즉위 개혁에 참여한 바 있
으며, 고려가 성리학을 수용하는 데 크게 기여한 당대의 대학자였다. 이
제현은 1303년에서 1313년까지 약 10년간 고려에서 관리생활을 했고,
28세 때인 1314년(충숙왕1) 상왕(上王)인 충선왕의 부름을 받아 원나라에
가서 충선왕이 설치한 학술연구기관인 만권당(萬卷堂)에서 생활했다. 이
때 원나라의 유명한 학자와 문인 들을 만나며 학문과 식견을 넓혔으며,
특히 경서와 역사서를 읽고 토론하기를 즐긴 충선왕과의 만남은 이제현
이 역사가로 발돋움하는 계기가 되었다.

충선왕은 애육려발력팔달(愛育黎拔力八達, 원나라 무종 황제 동생으로, 무종
사후 인종으로 즉위)을 보좌해 내란을 평정하고 무종을 황제로 옹립해, 황
제의 총애와 대우를 크게 받았다. 충선왕은 원나라에 요청해 충숙왕에

게 왕위를 물려주고, 태위(太尉)의 벼슬로 원나라 수도에 머물면서 만권
당을 짓고 경서와 역사 연구를 즐겼다. …… 이제현을 그곳으로 불러들
였다. 이제현은 만권당에서 요수(姚燧), 염복(閻復), 원명선(元明善), 조맹
부(趙孟頫) 등과 교류하면서 학문이 더욱 발전했다. 요수 등이 그에 대
한 칭찬을 그치지 않았다.

—《고려사》 권110, 이제현 열전

1298년 고려 국왕으로 즉위했다 퇴위한 충선왕은 1307년 원나라 무
종 황제를 옹립해 원 조정에서 실력자로 부상했다. 1308년 충렬왕 사후
고려 국왕으로 복위했지만, 충선왕은 국내 정치에 뜻을 잃고 재위기간의
대부분을 원나라에 머물렀다. 결국 충선왕은 복위한 지 5년 만인 1313년
왕위를 아들 충숙왕에게 물려주고, 상왕으로 있으면서 원나라 수도에서
만권당을 짓고 당대 최고의 학자들과 역사와 경전을 읽고 토론하기를 즐
겨했다.

이 무렵 이제현도 충선왕의 부름을 받아 원나라로 가 만권당에 머물렀다.
당시 이제현이 충선왕과 나눈 고려 왕실의 역사, 고려 태조의 경륜, 고려의
문물과 학술에 관한 대화는 이제현의 열전과《고려사》등에 자세히 기록
되어 있다.

그럼에도 불구하고 역사가로서 이제현의 활동은 말년에 각종 역사서
를 편찬한 것이 전부인 것으로 알려져 있다. 예를 들면 그는 60세 때인
1346년(충목왕 2) 왕명에 따라 다음의 역사서를 편찬했다고 한다.

10월 경신일 (충목왕이) 교서를 내렸다. "태조가 개국한 지 429년이 되었
다. 그동안의 각종 법제와 문물제도, 훌륭한 말씀과 아름다운 일 들이

감추어져 전하지 않는다면 무엇으로 후손에게 보여줄 것인가? 그 까닭에 우리 충선왕이 민지(閔漬)에게 《편년강목(編年綱目)》을 편찬하게 하셨다. 그러나 여전히 빠진 부분이 많으니 더 추가하여 전국에 반포하게 하라." 이어서 이제현, 안축(安軸), 이곡, 안진(安震), 이인복(李仁復)에게 편찬해 바치게 했다. 또한 이들에게 충렬왕, 충선왕, 충숙왕 3대 실록을 편찬하게 했다.

—《고려사》 권37, 충목왕 2년 10월

이제현은 고려 초부터 원종 때까지의 역사가 담긴 민지의 《편년강목》을 수정·보완하고 충렬왕, 충선왕, 충숙왕의 3대 실록을 편찬했다. 또한 70세 때 관직에서 물러나 공민왕의 명령으로 《국사》 편찬에 참여했다.

일찍이 이제현은 국사가 갖추어지지 않은 것을 걱정했다. 백문보(白文寶), 이달충(李達衷)과 함께 《국사》를 편찬했다. 이제현은 태조에서 숙종까지 편찬했다. 백문보는 예종 이후를 편찬했으나, 예종과 인종 두 왕을 겨우 마쳤다. 이달충은 집필하지 못했다. 그러나 홍건적의 침입으로 남쪽으로 피난할 때 모두 없어졌고 오직 이제현이 쓴 태조 때의 역사만 남아 있다.

—《고려사》 권110, 이제현 열전

그동안 역사가 이제현에 대한 평가는 공민왕 때의 《국사》 편찬 활동에 초점을 두고 이루어졌다. 이때 그가 저술한 고려 국왕들에 대한 사론이 《고려사》에 실려 있다. 이에 근거해 이제현은 조선 초기 성리학적 역사 인식이 확립되는 데 커다란 역할을 했다는 평가를 받는다. 그러나 이 평가는 그의 말년의 역사학에 관한 것이다.

역사가로서 이제현의 활동은 충렬왕 등 3대의 실록과 《국사》 편찬에 국한되지 않았다. 실제로 이제현은 이미 30대 후반에 《김공행군기(金公行軍記)》, 50대 후반에 《충헌왕세가(忠憲王世家)》 같은 역사서를 편찬한 바 있었다. 실록과 《국사》 등 60~70대 말년의 역사 편찬과 서술은 초기에 형성된 역사인식에 기초한 것이다.

주목할 점은 이제현이 평생 자신이 살던 시대인 고려왕조의 역사를 편찬, 저술했다는 사실이다. 젊은 시절 이제현이 만권당에서 충선왕과 나눈 대화 역시 당대 고려왕조에 대한 것이었다. 말년에 수정·보완과 편찬에 각각 참여한 《편년강목》과 《국사》도 고려 당대의 역사였다. 대체로 전근대 시기에는 이전 왕조의 역사를 편찬하는 것이 일반적이다. 그런데 이제현은 자신이 살던 시기의 당대사(當代史)에 관심을 갖고 편찬에 참여했다.

당대사는 글자 그대로 역사가가 살던 당대의 역사를 뜻한다. 즉, '당대'는 지금 이 시기이기도 하면서 과거의 특정 시기라는 뜻도 함께 지닌다. 우리 역사 전체를 놓고 볼 때 당대사 연구와 서술은 이제현의 역사학은 물론, 그가 살던 원 간섭기 역사학 연구의 주요한 특징이라 할 수 있다. 그렇다면 당시 이러한 역사서술이 유행한 이유는 무엇일까?

당대 역사인식의 중심이 된 '천자-제후국' 관계

몽골에서는 쿠빌라이 황제가 즉위하고(재위 1260~1294), 고려에서는 1258년 최씨 무신정권이 붕괴하여 왕정이 복고되는 등 두 나라의 정세가 급변한다. 그리고 두 나라 사이에 약 30년간 지속된 전쟁도 종식된다. 1270년 삼별초 군사들이 개경 환도에 반발하여 반란을 일으키자 1273년 두 나라가 함께 진압한다. 1274년 충렬왕이 원나라 공주와 혼인하면서 고려는 부마국(駙馬國)이 된다. 또 두 나라가 함께 두 차례(1274년과 1281년) 일본을 정벌한다.

이로써 13세기 후반 고려와 원나라(1260년 이후 몽골에서 원나라로 국호 변경) 사이에 새로운 관계가 시작된다. 즉 적대관계를 청산하고 천자-제후국 관계를 형성한 것이다. 고려는 제후국으로서 원나라를 천자국으로 인정하면서 왕조의 정통성을 유지하려 했다.

13세기 후반 이후 두 나라 지배층은 30년 전쟁으로 단절된 고려와 몽골(원)의 관계를 복원하기 위해 두 나라 관계의 기원과 전개에 대해 새로운 역사적 고찰을 시작한다. 즉, 두 나라 관계를 중심으로 한 당대사 연구가 새로운 역사인식과 서술의 중심이 된 것이다.

다음 기록은 고려가 원나라에 귀부한 시기, 즉 두 나라 관계의 시작에 대해 원나라 황제와 고려 국왕이 나눈 대화이다.

황제(원나라 성종)가 고려가 원나라에 귀부한 시기를 묻자, 고려 충렬왕은 정가신(鄭可臣)을 통해 다음과 같이 답변했다. "…… 금산(金山) 왕자(금나라 치하의 거란 출신)가 태조 황제(칭기즈칸)의 명령을 듣지 않고, 국호를 '대요(大遼)'라 칭하고 남녀 백성들과 귀한 재물을 약탈하여 동쪽으로 달아나 강동성에 진을 쳤습니다. 조정(몽골)에서 합진(哈眞)과 찰자(札剌)를 보내 토벌했는데, 눈이 쌓이고 길이 험해 군량이 공급되지 못했습니다. 고왕(高王, 고려 고종)이 이 소식을 듣고 조충(趙冲)과 김취려(金就礪)를 보내 군사와 식량을 공급하고, 그들을 함께 섬멸했습니다. 이제 76년이 되었습니다.

—《고려사》권31, 충렬왕 20년(1294) 5월

충렬왕은 귀부 시기를 고려와 몽골 군사가 함께 거란군을 물리치고 형제맹약을 맺은 1218년(고종 5)이라 했다. 즉, 이때를 두 나라 관계의 원년으로 본 것이다.

원나라에 국왕의 시호를 요청하다

충선왕이 복위한 14세기 초 고려와 원나라의 관계는 매우 우호적이었다. 1309년(충선왕 1) 7월 원나라에 있던 충선왕은 측근 신언경(申彦卿)을 고려에 보내 오양우(吳良遇)에게 선왕(충렬왕)의 시호를 원나라 황제에게 요청하는 글을 짓게 한다.

시호는 국왕 사후에 자국에서 해당 국왕의 공적을 평가하여 결정하는 것이 일반적이다. 그런데 충선왕은 이례적으로 원나라에 고려 국왕의 시호를 요청했다.

당초 우리나라에서는 송·요·금의 연호를 따르긴 했으나 역대 국왕의 시호(여기에서는 '묘호'와 같은 의미로 사용)는 모두 종(宗) 자를 붙여 스스로 정했다. 원나라를 섬긴 이후로는 (천자-제후의) 명분이 더욱 엄격해졌다. 옛날 한나라 제후들은 모두 한나라로부터 시호를 받았으므로 국왕(충선왕)은 죽은 전왕(충렬왕)의 존호(尊號, 시호를 높여 부르는 말)를 요청했다.

—《고려사》권33, 충선왕 2년 7월

이제현

충선왕은 고려국의 위상을 제후국으로 설정하고, 중국 한나라 제후들이 황제에게 자신들의 시호를 요청한 예에 따라, 천자국 원나라에 시호를 요청했던 것이다. 이뿐 아니라 이미 국내에서 시호를 받은 증조왕(曾祖王) 고종과 조왕(祖王) 원종의 시호도 추가로 요청했다.

1년이 지난 1310년(충선왕 2) 7월 원나라 황제 무종(武宗, 카이산, 1281~1311, 재위 1307~1311)은 선왕(先王)에게 '충렬왕'이란 시호를 내리면서 다음과 같이 말했다.

> 지금 천하에서 백성과 사직을 가지고 왕 노릇하는 국가는 오직 삼한(三韓, 고려)뿐이다. (삼한이) 선대(태조 칭기즈칸)에 귀부한 지 거의 100년이 되었다. 아비가 땅을 일구었고, 자식이 기꺼이 다시 파종을 했다.
>
> —《고려사》 권33, 충선왕 2년 7월

황제는 원나라 치하에서 백성과 사직을 유지한 왕조로는 고려가 유일하며, 고려는 1218년 형제맹약을 계기로 몽골에 귀부해 100년간 정체성을 유지할 수 있었다고 했다. 즉, 형제맹약을 두 나라의 100년 역사에서 중요한 전환점으로 보았던 것이다. 이때 고종과 원종도 각각 충헌왕(忠憲王), 충경왕(忠敬王)이라는 시호를 받는다. 원나라는 고려를 제후국으로 여겨 이렇게 '왕'이라는 호칭을 붙였고 원나라에 충성하라는 의미로 칭호에 '충(忠)' 자까지 붙였다.

원 간섭기 고려의 역사를 재해석하다

14세기 초 두 나라는 천자-제후국이라는 새로운 관계를 형성함에 따라, 형제맹약 이후 100년의 역사에 대한 새로운 역사인식과 서술이 필요했다. 충선왕이 이를 주도했고 그를 충실하게 보좌한 이제현 역시 당대사에 관심을 갖고 역사를 새롭게 저술하지 않을 수 없었다.

이제현은 1325년(충숙왕 12) 《김공행군기》를 썼다. 책 제목의 '김공(金公)'은 몽골군과 함께 거란족을 물리치고 형제맹약 체결을 주도한 김취려(金就礪, 1172~1234)이다. 이 책은 원 간섭기 역사인식의 새로운 변화를 보여주는 상징적인 역사서이자, 이제현이 살던 시기의 당대사이다. 즉, '고려판' 현대사 저술이라 할 수 있다. 이 저술 속에 이제현의 역사인식은 물론 당시 역사학의 경향이 담겨 있다. 형제맹약과 김취려에 대한 그의 평가는 다음과 같다.

> 나는 다음과 같이 논한다. 국가의 덕이 쇠하지 않았는데도 혹 전란이 있으면, 반드시 재주와 지혜가 뛰어난 신하가 나와 왕의 신임을 받으며 시국의 어려움을 구하게 된다. …… 공(김취려)은 멀리 있는 몽골 군사와 교류하고 가까이 있는 적 거란을 공격했다. 몽골과 (형제)맹약을 맺어 나라의 근본을 순식간에 안정시켰다. 우리 사직의 신령이 재주와 지혜가 뛰어난 신하를 뒤에서 도운 것이 아니겠는가?
>
> —《익재집》 권6, 〈김공행군기〉

이제현은 1218년(고종 5) 몽골군과 연합해 거란을 물리치고 몽골과 형제맹약을 체결하는 데 큰 역할을 한 김취려를 높이 평가했다. 그리고 형제맹약에 대해 "(전란의 피해를 줄여) 고려 백성에게 큰 도움이 되었고, 고려가 원나라에 세운 커다란 공적"(《고려사》 권21, 충숙왕 10년 1월)이라 평가했다. 즉, 형제맹약은 두 나라 관계의 시작이자 당시 100년간의 두 나라 관계사에서 가장 의미 있는 사건이라고 보았던 것이다.

원나라 역시 두 나라의 관계가 시작될 무렵의 역사에 관심을 가졌다. 1325년(충숙왕 12) 원나라는 칭기즈칸 이래 원나라에 공을 세운 고려 인물에 대한 역사 편찬을 고려에 요구했다. 이제현의 《김공행군기》가 저술된 또 다른 배경이다.

형제맹약의 강조는 100년간의 역사를 새롭게 조명함으로써 이른바 '고려판' 현대사인 당대사 연구를 활성화했다. 이에 따라 《고려사》의 원 간섭기 역사서술에는 이제현의 이러한 역사인식이 많이 반영되어 있다. 또한 고려와 원 관계를 중심으로 서술됨에 따라, 두 나라 사이의 30년 전쟁(1231~1258), 즉 대몽항쟁에 관한 서술은 대폭 수정되거나 삭제되었을 것으로 판단된다. 구체적으로 대몽항쟁기 때 재위한 고종의 치적이 담긴 고종실록은 고려가 원의 지배를 받으면서 수정실록이 편찬되었는데, 수정 과정에서 몽골에 대해 적대적인 서술이 많이 탈락되었음이 분명하다.

이제현이 역사가로서 조선 초기 성리학적 역사인식 확립에 커다란 역할을 했다는 평가는, 앞에서 언급했듯이 대체로 이제현 말년의 역사서술과 편찬을 대상으로 한 것이다. 그래서 이 글에서는 30대 젊은 시절 이제현의 역사인식과 역사서술에 새롭게 주목해보았다.

13세기 후반 이후 원나라와 고려가 천자-제후국 관계를 맺으면서 두 나라 관계의 역사를 새롭게 인식하고 서술하려는, 이른바 당대사 연구가 성행했다. 이제현은 이를 주도한 역사가의 한 사람이었다.

세계제국 원나라의 영향력이 압도적인 시기에 활동한 그의 역사인식을 '자주와 사대'라는 지금의 민족주의 잣대로 섣불리 평가할 수는 없다. 우선은 그의 역사학 전체를 체계적으로 정리하고 새로운 사실들을 더 발굴해야 한다. 그런 연후에야 그에 대한 객관적인 평가가 가능할 것이다.

이제현

4부
고려의 여성

허씨 부인 자유와 절제, 성속(聖俗)을 넘나든 상류층 여성
김씨 부인 몽골군의 노예로 끌려간 중류층 여성
조씨 부인 하늘만은 외면하지 않은 하류층 여성

1255년(고종 42) 허공의 장녀로 출생.

1268년(원종 9, 14세) 김변과 혼인.

1295년(충렬왕 21, 41세) 김변, 충렬왕의 명령으로 원 세조의 사적을 편찬.

1301년(충렬왕 27, 47세) 김변 죽음. 감응사 짓고,《원둔경(圓頓經)》사경.

1302년(충렬왕 28, 48세) 중국 강회(江淮)에서 무선사 귀국. 법요를 들음.

1304년(충렬왕 30, 50세) 중국 강남에서 온 승려 철산화상에게 대승계 받음.

1311년(충선왕 3, 57세) 충주 미륵대원에 올라 장육석에 배례. 금강산 등 전국 산천을 순례.

1315년(충숙왕 2, 61세) 비구니가 됨. 법명 성효.

1320년(충숙왕 7, 66세) 개경 남산 남쪽에 초당을 짓고 머무름.

1324년(충숙왕 11, 70세) 죽음. 변한국대부인 진혜대사에 추봉.

허씨 부인

자유와 절제, 성속(聖俗)을 넘나든 상류층 여성

권력자의 청혼을 거절하다

허씨(許氏, 1255~1324, 이하 '허씨 부인')는 1268년(원종 9) 김변(金胼, 1248~1301)과 혼인을 한다. 허씨 부인의 묘지명에 혼인 후 허씨 부인이 꾸렸던 가정생활이 기록되어 있다.

14세(1268, 원종 9)에 혼인한 부인은 남편을 잘 섬겨 양식을 넉넉하게 마련하고 옷을 짓는 데 힘쓰는 등 부인의 도리를 다했다. 제사의 법도를 잘 알아서 내조를 잘했다. 어머니로서 생각이 없는 어린아이들을 깨우쳐 그들이 해야 할 일을 잘 가르쳤다. 일찍이 부인은 남자나 여자나 삼가고 부지런하지 않으면 간사하고 편벽해져서 스스로 존재가 없어지게 된다고 가르쳤다. 이같이 자식을 힘써 가르치는 등 가문의 모범이 되어 집안을 일으킬 수 있었다.

—〈김변 처 허씨 묘지명〉

묘지명에 따르면 부인은 길쌈과 의복 짓기, 제사 받들기, 자녀 교육 등에 충실했다. 여느 여인네의 일상사와 다를 바 없어 보인다. 그러나 묘지명에 기록되지 않은,《고려사》에 나오는 허씨 부인의 혼인 이야기는 예사롭지 않다.

당시 권력을 제멋대로 휘두르던 임연은 아들 유무를 허공의 딸(허씨 부인)과 혼인시키려고 허공을 압박했다. 허공이 반대하자 임연이 왕(원종)에게 그 사실을 알렸다. 왕이 허공을 불러 "임연은 간사하고 흉악한 사람이다. 그의 원망을 사서는 어려우니 깊이 생각하라."고 했다. 허공은 "제가 화를 입더라도 적신(賊臣) 집안과 딸을 혼인시킬 수 없습니다."라고 대답했다. 왕은 그를 의롭게 여겨 "처신을 잘 하라."고만 했다. 허공은 딸을 평장사 김전(金佺)의 아들 변(賆)과 혼인시켰다.

—《고려사》 권105, 허공 열전

허공(許珙, 1233~1291)이 무신 권력자 임연의 청혼을 거절하고 김변을 사위로 맞이한 이야기다. 이해(1268) 12월 임연은 10년간 집권한 김준(金俊, ?~1268)을 무너뜨리고 권력의 정상에 올랐다. 허공은 마침 부인의 장례를 치르기 위해 지방에 있어 화를 면했지만, 청혼을 거절한 그의 앞날은 암담할 지경이었다. 그런데 임연은 의외로 허공의 능력을 아까워해 그를 우부승선(右副承宣, 정3품)으로 임명했고, 이로써 양천 허씨 가문은 멸문의 화를 면한다. 허공은 충렬왕 대에 재상의 자리까지 올라, 그의 집안은 명문가로 발돋움한다.

허공의 사위 김변 또한 명문가 출신으로, 1218년(고종 5) 거란을 물리치고 몽골과 형제맹약을 이끈 김취려의 손자이다. 이제현은 형제맹약에 대해 '(전란의 피해를 줄여) 고려 백성에게 큰 도움이 되었고, 고려가 원나라에 세운 커다란 공적'(《고려사》 권21, 충숙왕 10년 1월)이라며 김취려가 두 나라의 공식 관계를 처음으로 성사시킨 데 대해 높이 평가했다.

두 명문가의 혼인에는 정치적 동기가 깔려 있었다. 허공과 사위 김변은 유경(柳璥, 1211~1289)과 정치적 이해를 함께했다. 유경은 1258년(고종 45) 무신 김준과 합세해 최의를 제거함으로써 최씨 무신정권을 무너뜨리고 왕정을 복고한 당대 문신의 대표 인물이다. 허공은 유경의 추천으로 정방(政房)에 들어가 관료로서의 능력을 발휘하기 시작했다. 김변은 21세 때(1268, 원종 9) 과거에 급제하는데, 그를 선발한 좌주가 유경이었다. 당시 승진과 출세에 좌주의 영향력은 절대적이었다.

세 사람이 결속한 근본적인 요인은 무신정치의 청산과 왕권회복, 문신 관료 중심의 정치질서 수립이라는 정치이념을 공유했다는 점이다. 이들은 무신들의 대몽항전에 반대하고 몽골(원)과 강화조약을 통해 좋은 관계를 유지할 것을 주장했다. 허공이 임연의 청혼을 거절하고 딸을 김변과 혼인시킨 이면에는 이같은 정치적 입장도 깔려 있었던 것이다. 김변 역시 세자였던 충렬왕을 보좌하여 원나라에 가서도 두 나라가 좋은 관계를 유지하는 데 힘쓰는 등 국왕과 문신 중심의 정치질서를 회복하려 했다.

신미년(1271, 원종 12) 충렬왕이 세자로 원나라 궁정에서 황제를 모시게 되자, 공(김변)은 예부낭중의 벼슬로 세자를 따라 가서 4년간 그를 보좌하고 이끌며 많은 공을 세웠다. 조정에서 황제에게 표를 올려 세자와 원나라 공주의 혼인을 요청했다. 공은 이를 도와 세자와 공주의 혼인을 성사시키는 데 공을 세웠다. 이분이 안평공주(安平公主, 제국대장공주)이다. 갑술년(1274, 충렬왕 즉위년) 세자인 충렬왕과 공주를 모시고 귀국했다. 또

한 (귀국 후) 충렬왕이 왕위에 오르는 경사까지 겹쳐 삼한이 태평하게 되
는 복을 누리게 되었다. 이때 공은 이등 공신이 되어 그 혜택이 자손까
지 미쳤다.

—〈김변 묘지명〉

"동성(同姓)과 혼인해서는 안 된다"

1308년 11월 다시 왕위에 오른 충선왕은 근친혼을 금지하는 원나라
황제의 명령을 전하는 교서를 반포한다.

> 황제는, '동성(同姓)이 혼인할 수 없음은 천하의 당연한 이치이다. 고려
> 는 문자를 알고 공자의 도를 행하는 나라이다. 마땅히 동성과 혼인해서
> 는 안 된다.'고 했다. 고려는 아직도 이를 개혁하지 않고 있다. 이제부터
> 만약 고려 왕실의 종친이 동성과 혼인하는 일이 생기면 황제의 명령을
> 위반한 것으로 처리할 것이다. 여러 세대 재상을 지낸 집안의 딸과 혼인
> 하여 배필로 삼아야 한다. 재상의 아들은 왕족의 딸과 혼인하는 것을 허
> 락한다.
>
> —《고려사》권33, 충선왕 복위년(1308) 11월

충선왕은 근친혼의 대안으로 왕실과 혼인할 수 있는 15개 가문을 지정
한다. 이를 '재상지종(宰相之宗)'이라 한다. 근친혼이 관행이던 고려 왕실
혼인제도는 커다란 변화를 겪는다. 15개 가문은 다음과 같다.

고려시대의 재상지종 가문	
고려 전기에 왕비를 배출한 문벌귀족가문	안산 김씨(安山金氏), 경원 이씨(慶源李氏), 정안 임씨(定安任氏)
원과의 관계 성립 이후 새롭게 등장한 가문	경주 김씨(慶州金氏), 언양 김씨(彦陽金氏), 철원 최씨(鐵原崔氏), 해주 최씨(海州崔氏), 공암 허씨(孔岩許氏), 평강 채씨(平康蔡氏), 청주 이씨(淸州李氏), 당성 홍씨(唐城洪氏), 황려 민씨(黃驪閔氏), 횡천 조씨(橫川趙氏), 파평 윤씨(坡平尹氏), 평양 조씨(平壤趙氏)

위 표와 같이 재상지종 가문은, 고려 전기에 왕비를 배출한 세 문벌귀
족가문, 즉 안산 김씨, 경원(인주) 이씨, 정안 임씨를 제외하면 김변의 언
양 김씨, 허씨 부인의 양천(공암) 허씨 가문과 같이 대부분 원과의 관계
성립 이후 새롭게 등장한 가문이다.

영욕을 함께한 부인의 형제와 자녀

허씨 부인의 모친은 파평 윤씨 윤극민(尹克敏)의 딸로 재상지종 가문
출신이다. 윤극민은 여진 정벌의 주역 윤관(尹瓘, ?~1111)의 후손이다. 윤
씨 부인 슬하에 허씨 부인을 비롯해 3남 2녀를 두었다. 허씨 부인은 딸
가운데 맏이다. 여동생은 안동 김씨 김방경(金方慶, 1212~1300)의 3남 김
순(金恂, 1258~1321)과 혼인한다.

윤씨 부인이 사망한 후 허공은 둘째 부인 최씨를 맞이한다. 최씨와 사
이에서 2남 2녀가 태어났다. 허씨 부인에게는 모두 이복동생이 된다. 이
가운데 첫째 여동생은 고려 왕실 종친인 왕현(王眩)과 혼인한다. 왕현이
죽은 뒤 그녀는 1308년 충선왕과 재혼하여 순비(順妃, ?~1335)로 책봉된

수월관음도 1310년 충선왕비 숙비의 발원으로 제작된 것으로, 당대 최고 화가 5인이 제작에 참여했다. 현존 불화 가운데 가장 규모가 크고 예술적 가치가 높은 것으로 평가받고 있다.

다. 또한 왕현 사이에 낳은 딸 백안홀독(伯顔忽篤)은 원나라 황제 인종의 제3황후가 된다. 둘째 여동생은 역시 재상지종 가문인 평양 조씨 조인규(趙仁規, 1227~1308)의 차남 조연(趙璉)과 혼인한다.

한편, 또 다른 충선왕비인 숙비는 남편 김변의 형 김저〔金貯, 김양감(金良鑑)〕의 딸이다. 김변과 허씨 부인에게 조카인 숙비는 남편 최문(崔文)이 죽은 뒤 당시 세자였던 충선왕의 주선으로 충렬왕과 재혼해 숙창원비(淑昌院妃)로 책봉된다. 충렬왕이 죽자 충선왕이 그녀를 왕비로 삼아 숙비로 책봉했다.

결국 허씨 부인의 여동생과 조카가 모두 왕비가 된 셈이다. 나머지 여자 형제들도 재상지종의 명문가문과 혼인을 했다. 허씨 부인은 살아서 가문의 번성함을 누렸고, 자연스럽게 상류층 여성으로 편입되었다.

허씨 부인은 슬하에 4남 3녀를 두었다. 장남 김륜(金倫, 1277~1348)은 재상 시절 심왕인 왕고(王暠)의 고려 왕위 탈취를 막고 충혜왕을 옹립하여 1343년(충혜왕 복위 3) 공신으로 책봉되는 등 당시 정계의 중심인물로 활동했다. 그때는 허씨 부인이 세상을 떠난 뒤였다. 차남 김우(金禑)는 원윤(元尹)이라는 벼슬에 있었으나 구체적인 활동 기록은 없다. 3남과 4남은 모두 어린 시절에 출가했다. 법명이 현변(玄卞)인 3남은 허씨 부인이 사망할 당시 감은사(感恩寺) 주지였다. 한편, 부인의 차녀는 원나라에 공녀(貢女)로 징발되는 아픔을 겪었다.

참고로 1288년(충렬왕 14) 충렬왕과 원나라 공주 출신 왕비는 황제를 위해 양가의 처녀를 동녀(童女)로 뽑으려 했다. 재상을 역임한 홍규(洪奎, ?~1316)는 딸이 동녀로 선발되자 권세가에 뇌물을 주고 이를 피하려 했다. 그러나 뜻대로 되지 않자 딸의 머리카락을 잘랐다가 적발되어 딸과 함께 모진 형벌을 받고 가산을 몰수당하기도 했다.(《고려사》 권106, 홍규 열전) 재상을 역임한 홍규조차 공녀 선발의 대상에서 비켜갈 수 없었다. 원나라 관리를 지낸 고려 유학자 이곡은 당시 공녀 차출에 관해 다음과 같이 증언했다.

지금 고려 부녀 가운데 원나라에서 후비 반열에 있거나 제후와 같은 귀한 사람의 배필이 된 사람이 있습니다. 이 때문에 원나라 공경 대신 중에는 고려의 외손 출신이 많습니다. 원나라에 있는 부녀 가운데 고려의 왕족 및 문벌, 부호 집안 출신으로 황제가 특별히 명령하여 온 사람들도 있고 자원하거나 중매를 통해서 온 경우도 있어 일정하지 않습니다.

—《고려사》 권109, 이곡 열전

이곡의 증언대로라면 허씨 부인의 차녀는 중매보다는 황제의 명령에 의해 동녀로 뽑혔을 것이다. 어떤 경우라도 딸을 동녀로 보내고 싶지는 않았을 것이다. 황제의 명령 앞에 무력한 고려 명문가의 모습을 잘 보여준다.

새로운 삶, 불교에 심취하다

허씨 부인의 삶이 당시 상류층 여성이 밟았던 전형적인 모습이라 단언할 수는 없다. 그러나 남편 김변의 사망 이후 부인의 삶을 추적하는 과정에서 일반적인 여성의 삶과는 다른 점을 읽을 수 있다. 한마디로 부인의 삶 속에서 성속(聖俗)을 넘나드는 자유로운 영혼, 자신의 삶을 스스로 결정하고 개척하는 주체성, 가정과 신앙의 측면에서 보통의 상류층 여성에게서 찾아볼 수 없는 대범하면서도 절제된 삶의 자세를 읽을 수 있다.

남편 김변은 충렬왕과 충선왕의 신임을 잃지 않고 무난하게 관료생활을 하면서 재상의 지위까지 올랐지만, 부인보다 먼저 세상을 떠났다. 1301년(충렬왕 27) 54세 때였다.

공(김변)은 신축년(1301. 충렬왕 27)에 먼저 죽었다. 부인은 매우 슬퍼했고, 조정이 제안한 장례의식을 사양했다. 스스로 장례를 치르고 대덕산(大德山) 남쪽 언덕에 묘소를 정했다. 부인은 이 산 서남쪽 마주보이는 곳에 집을 지었다. 그곳에서 1리가 되지 않는 곳에 사찰 감응사(感應寺)를 지어 남편의 명복을 빌었다. 또 집안의 재산과 보물을 들여 승려들에게 청해 금은을 섞어《원둔경(圓頓經)》을 베끼게 했다. 나머지 불사에 대해서는 적지 않는다. …… 47세에 과부가 된 부인은 초하루와 보름날에 반드시 묘소에 들러 직접 제사를 지냈다. 삼년상을 마칠 때까지 추위와 더위에 아랑곳하지 않고 제사를 게을리하지 않았다. 이후 명절 제사 때도 직접 묘소에 가지 않은 적이 없었다. 출가한 후에야 그만두었다.

— 〈김변 묘지명〉

부인은 사찰을 짓고 사경(寫經)을 하며 남편의 명복을 비는 한편, 삼년상 기간에 매달 초하루와 보름날 성묘를 하는 등 유교적인 의례도 행했다. 명문가 출신의 상류층 부인으로서 망자를 극진히 애도하고 추모했으며 삼년상을 마칠 때까지 절제된 모습을 보였다.

그런데 삼년상을 치른 후 허씨 부인이 새로운 삶을 개척해나간 궤적이 특이하다. 허씨 부인은 남편이 세상을 떠난 뒤 불교에 심취했는데, 〈허씨 부인 묘지명〉을 통해 그녀의 삶을 살펴보자.

임인년(1302, 충렬왕 28) 무선사(無禪師)가 중국 강회(江淮) 지방에서 배를 타고 왔다. 부인은 그를 사모하여 뵙고 처음으로 법요를 들었다. 갑진년(1304, 충렬왕 30) 철산화상(鐵山和尚)이 남쪽으로 와서 교화를 했다. 부인은 대승계(大乘戒)를 받았다.

— 〈허씨 부인 묘지명〉

부인은 무선사와 철산화상을 만나 설법을 듣고 계를 받기도 했다. 그런데 당시 만난 승려의 면면이 예사롭지 않다. 무선사는 고려 승려인 무극선사(無極禪師) 혼구(混丘, 1251~1322)이다. 그는 제천 출신으로 충렬왕 대에 대선사, 충숙왕 대에 왕사를 역임했다. 운문사(雲門寺), 연곡사(鷰

谷寺), 보경사(寶鏡寺) 등에 주석했고, 입적 후 국사로 추증되었다. 중국 강남 출신 승려인 철산화상은 법명이 소경(紹瓊)이며 철산은 호이다. 철산화상은 고려에 간화선(看話禪)을 유행시키는 데 커다란 역할을 했다. 3년을 고려에 머물다 귀국할 때 강화 보문사의 대장경을 갖고 귀국했다.[1]

1304년(충렬왕 30) 7월 철산화상이 입국하자 충렬왕은 승지 안우기(安于器, 1265~1329)를 보내 그를 영접했다. 이해 8월 충렬왕과 숙창원비(허씨 부인의 조카)는 철산화상을 궁중에 초청해 설법을 듣고 보살계를 받았다. 조카인 숙창원비가 궁중에서 계를 받을 때 허씨 부인도 함께 받은 것으로 생각된다.

속세를 떠나 비구니가 되다

신해년(1311, 충선왕 3) 충주 미륵대원(彌勒大院)에 올라 장육석(丈六石)에 예배를 올렸다. 이후 여러 산사를 순례했으며, 열반산(涅槃山)과 청량산 (淸凉山) 성지까지 갔다.

— 〈허씨 부인 묘지명〉

부인은 고승의 설법을 듣는 데 그치지 않았다. 삼년상이 끝나자 전국의 주요 사찰을 순례했다. 사찰 미륵원(충북 충주시)과 열반산(금강산 별칭), 청량산(경북 봉화군)을 찾았다. 열반산과 청량산에 가서는 그곳의 사찰들을 순례했을 것이다. 부인은 그곳에서 고승을 만나 설법을 들을 수 있는 좋은 기회였을 것이고, 그로 인해 불심은 더욱 깊어졌을 것이다.

을묘년(1315, 충숙왕 2) 머리를 깎고 비구니가 되었다. 법명은 성효(性曉)
였다. 병진년(1316, 충숙왕 3) 통도사에 가서 사리 12개를 얻었다. 그 후
동쪽에 있는 계림(경주)으로 갔다. 계림은 볼 만한 것이 많은 까닭에 여
기에서 그 뜻을 다하고 돌아왔다. 여행하며 거쳐간 산천은 헤아릴 수 없
지만 그만 기록하기로 한다. …… 부인을 변한국대부인(卞韓國大夫人)
진혜대사(眞慧大師)로 추봉했다. 부인에게 대사의 시호를 내린 것은 드
문 일이었다.

　　　　　　　　　　　　　　　　　　　　　　　— 〈허씨 부인 묘지명〉

　61세 되던 1315년(충숙왕 2) 허씨 부인은 마침내 비구니가 되었다. 더
욱이 사후에는 국왕으로부터 진혜대사라는 법호를 얻었다. 고려시대에

여성이 국왕으로부터 법호를 추증받은 것은 허씨 부인이 유일하다. 고려 시대에 여성이 출가한 경우는 더러 있었다. 순수하게 수행과 구도를 하기 위해 자발적으로 출가한 경우도 있었지만, 가난, 형벌, 도피 등의 이유로 불가피하게 출가하거나 임종 직전 사후의 안식을 위해 출가의 형식을 빌리는 경우도 있었다. 허씨 부인은 어떤 경우였을까?

참고로 중국에서는 여성이 출가할 경우 몇 가지 이점이 있었다고 한다. 사족(士族) 부녀들이 비구니가 되면 독립적인 지위를 얻을 수 있어 남성 문사(文士)나 관리 들과 강경(講經, 불경을 강독하는 일) 모임을 할 수 있었다. 또한 무리를 지어 자유롭게 여행을 할 수도 있었다. 여행은 주로 불교 성지를 순례하는 것인데, 순례 중에 백성들을 교화할 수도 있었다. 이 때문에 출가를 많이 했다고 한다.[2]

허씨 부인의 출가도 중국의 경우와 크게 다르지는 않았을 것이다. 그러나 개인적으로 도를 닦아 깨달음의 경지에 이르려는 목적이 더 컸을 것이다. 이런 점에서 상류층 여성 허씨 부인의 출가는 더욱 특이하다.

출가 후에도 부인은 신라시대 이래 불교 성지로 알려진 개경에서 멀리 떨어진 통도사와 경주 일대 사찰을 순례했다. 경주 순례 때는 당시 감은 사 주지인 3남 현변의 도움을 받았을 것이다. 당시 먼 곳까지 순례를 떠난 것은 명문가의 상류층 여성이었기에 가능했던 일이다. 하지만 허씨 부인의 순례를 통해 우리는 출가 여부와 계층 고하를 뛰어넘어 고려시대 여성의 자유분방하고 대범한 삶의 한 단면을 엿볼 수 있다.

경신년(1320, 충숙왕 7) 개경 남산의 남쪽에 자리를 보아 초가집을 짓고 살았다. 장남(김륜)의 집이 그 서쪽에 있었다. 지아비가 죽으면 맏아들을 따른다는 가르침을 본받겠다는 뜻이다. 태정 원년(1324, 충숙왕 11) 2월

11일 병이 들어 누웠다. 향년 70세였다. 이해 3월 4일 죽었다. …… 이해 4월 4일 선영에서 약간 떨어진 곳에 묻혔다. 남편을 따르고자 하는 부인의 뜻이었다.

— 〈허씨 부인 묘지명〉

임종 직전 장남 김륜의 집 근처에 초가집을 지어 살고, 죽어서는 남편 묘소 가까이에 묻힌 것은 모두 부인의 뜻에 따른 것이었다. 불심이 깊었던 허씨 부인에게서 남편이 죽으면 맏아들을 따라야 한다는 유교 윤리 의식도 읽어낼 수 있다. 허씨 부인은 출가와 순례를 통해 심신의 평안을 추구하는 자유로운 영혼을 소유함과 동시에, 임종을 앞두고 가족과 가정으로 회귀하는 유교윤리도 따르며 절제된 삶을 영위했다.

* (출생 연도 미상)

1238년(고종 15) 장남 김천, 강릉에서 출생. 몽골군, 황룡사 9층탑 불태움.

1247년(고종 24) 4차 몽골군 침입.

1249년(고종 26) 몽골, 고려 국왕의 출륙친조(出陸親朝) 강요. 최항, 정권 장악.

1251년(고종 28) 팔만대장경 완성.

1253년(고종 40) 5차 몽골군 침입. 김천의 어머니와 동생, 몽골군 포로가 됨.

1254년(고종 41) 6차 몽골군 침입.

1258년(고종 45) 최씨정권 붕괴. 왕정복고.

1260년(원종 1) 왕자 심(충렬왕)을 세자로 삼음.

1267년(원종 8) 원나라에서 귀국한 백호 습성이 명주 사람을 찾아 편지를 전해줌.

1270년(원종 11) 개경 환도. 삼별초 항쟁 시작.

1273년(원종 14) 김천, 승려 효연 소개로 모친 상봉, 함께 귀국.

1279년(충렬왕 5) 김천의 동생 김덕린 귀국.

* (사망 연도 미상)

김씨 부인

몽골군의 노예로 끌려간 중류층 여성

14년 만의 편지

인류 역사에서 백성들이 스스로 전쟁을 일으킨 적이 있을까? 전쟁을 유발한 것은 언제나 지배층의 욕망과 야심이었다. 이들은 때로 백성의 충성과 희생을 이끌어내기 위해 영웅을 만드는 일도 서슴지 않았다. 그리고 역사에서 조명을 받는 이는 언제나 영웅이다. 전쟁으로 고통받은 백성들의 이야기는 영웅 이야기의 그늘에 가려 좀처럼 찾아보기 힘들고, 이 때문에 균형 잡힌 역사서술에도 어려움이 있다.

그런데 여기 고려 대몽항쟁기 동안 고통을 온몸으로 겪은 백성의 이야기가 있다. 주인공은 바로 명주 향리 집안 출신 김씨 부인이다. 이 여인의 이야기는 전쟁으로 한 가정이 겪은 비극을 생생히 담고 있다.

명주(溟州, 강릉)에 사는 향리 김천(金遷)은 친구 김순(金純)을 통해 편지를 한 통 받았다. 그 내용은 다음과 같이 짧고 간단했다.

나는 지금 살아 있고, 원나라 어느 집에서 종살이를 하고 있다. 굶주려도 먹지 못하고 추위도 입지 못한 채 낮에는 밭을 매고 밤에는 방아를 찧으며 온갖 고생을 하고 있다. 내가 죽었는지 살았는지 누가 알겠는가?

—《고려사》권121, 김천 열전

14년 전 몽골군의 포로로 잡혀간 어머니가 보낸 편지였다. 김천은 어머니가 돌아가신 줄 알고 매년 제사를 지냈는데, 비록 노예로 잡혀 있지만 아직 살아 계신다는 소식을 듣고 반가움에 울음을 터뜨렸다.

김천의 어머니 역시 김씨이며, 친정도 명주이다. 김씨 부인은 명주에 대대로 살아온 호장(戶長) 김자릉(金子陵)의 딸이다. 호장은 향리가 오를 수 있는 가장 높은 직위이다. 향리는 해당 지역에 뿌리내린 유력 계층으로 국가가 임명했다. 그들은 해당 군현의 수령을 보좌하며 행정실무를 전담했다. 향리직은 세습되었으며, 혼인도 향리 집안끼리 했다. 향리직에서 벗어나려면 무공을 세우거나 과거에 급제해 일반 관료가 되어야 했다.

향리와 비슷한 처지에 있는 신분으로, 중앙 관청에서 행정실무를 담당한 서리층과 궁중의 일과 행정을 전담한 남반(南班)이 있다. 향리, 서리, 남반 계층을 흔히 중류층(혹은 중간 계층)이라 하는데, 역이 세습되고 같은 계층끼리 혼인한다는 공통점이 있었다. 향리의 딸로서 향리와 혼인한 김씨 부인은 전형적인 중류층 여인이었다.

김씨 부인의 오빠 김용문(金龍聞)이 과거에 급제한 것으로 보아, 김씨 부인의 친정은 머지않아 향리직에서 벗어나 중앙 관료로 진출할 길이 열려 있었다. 부인의 집안은 과거에 응시해 합격할 정도로 호장 가운데서도 여유 있는 집안이었다. 김씨 부인은 호장 김종연(金宗衍)과 혼인하여

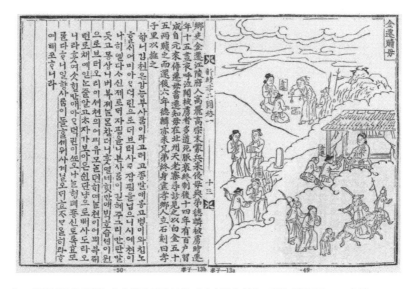

《동국신속삼강행실도》에 실린 김씨 부인 이야기 함께 실린 그림은 몽골군의 포로가 됨(오른쪽 아래), 모자 상봉(오른쪽 중간), 몸값 치르기(맨 위), 장례(왼쪽 중간) 순으로 되어 있다.

두 아들 김천(어린 시절 이름은 해장(海莊))과 김덕린(金德麟)을 낳았다. 부인이 명주에 거주한 것으로 보아, 남편도 이곳 출신 호장이었을 것이다.

단란한 김씨 부인의 가정이 파괴된 것은 아들 김천의 나이 15세 때였다. 몽골군이 고려에 침입한 것이다.

《고려사》의 김천 열전에 따르면 고종(재위 1213~1259) 말년에 김씨 부인이 몽골군의 포로가 되었다고 하는데, 몽골군이 명주 지역에 침입한 것은 1253년(고종 40) 무렵으로, 몽골군의 5차 침략 때였다. 이해 7월 압록강과 대동강을 건넌 몽골군은 개경과 남부 지역, 강원도와 동부 지역, 이렇게 두 갈래로 나누어 공격했다. 강원도 동부 지역은 8월 화주(和州, 함흥), 고주(高州, 고원), 동주(東州, 철원), 9월 충주, 춘주(春州, 춘천), 10월

등주(登州, 안변), 금양현(金壤縣, 통천) 등이 몽골군의 침입으로 피해를 입었다. 이해 10월 양주(襄州, 양양)가 몽골군에 의해 함락되었는데, 인근의 명주도 이때 피해를 입었으며 김씨 부인은 둘째 아들 김덕린과 함께 몽골군에게 잡힌 것이다.

참고로 김씨 부인이 1259년(고종 46)에 포로가 되었다가 1276년에 귀국했다는 기록도 있다.(《고려사절요》 권19, 충렬왕 2년 8월) 그러나 포로가 되었다는 1259년에 몽골군이 명주 지역을 침략했다는 기록은 찾을 수 없다. 또한 이해는 고려가 몽골군에 항복한 해이며, 전쟁이 끝난 해이다. 따라서 김씨 부인이 포로가 된 해는 《고려사》 기록과 같이 1253년 무렵으로 보는 것이 사실에 더 가깝다.

몽골군의 포로가 된 모자

몽골의 여섯 차례 침입 가운데, 특히 5차(1253, 고종 40)와 6차(1254~1259, 고종 41~46) 침입은 그 이전과 성격이 달랐다. 이전 네 차례의 침입은 대개 가을에 침입해 물자를 약탈하고 봄에 철수하는 단기전의 성격이 강했다면, 7년간 지속된 이 두 차례의 침입은 고려를 항복시켜 정복지로 삼는 것이 목적이었다. 따라서 5~6차 침입은 그 어느 때보다도 고려에 심각한 피해를 입혔고, 고려는 몽골의 침입에 저항했지만 일방적으로 수세에 몰렸다.

이해 몽골군에게 사로잡힌 남자와 여자는 무려 20만 6,800여 명이다. 살육 당한 사람의 수는 헤아릴 수조차 없다. 몽골군이 지나간 마을은 모두 잿더미가 되었다. 몽골의 병난이 있은 이래 금년처럼 심한 적은 없었다.

　　　　　　　　　　　　　　　　　　　　　　—《고려사》권24, 고종 41년

　1254년(고종 41) 몽골의 침입으로 고려가 입은 피해 상황을 기록한 것이다. 몽골에 포로로 끌려간 인원만 20만 명이 넘었고, 사망자는 더 많았다고 한다. 당시 고려 인구는 500만 명 안팎으로 추정되는데, 그중 약 10퍼센트에 이르는 인구가 그 한 해 동안 피해를 입은 것이다. 몽골과의 30년 전쟁 기간 중 인명 피해가 가장 컸던 해가 1254년이었다.

　원나라는 전쟁 기간에 끌고 온 수많은 고려인 포로를 만주 심양 지역에 거주시켰다. 이 지역은 고려인 포로 이외에도 많은 고려인이 피난 또는 이주를 해 와서 거주하는 지역이기도 했다. 원나라는 고려인이 많이 거주하는 이 지역을 통치하기 위해 1296년(충렬왕 22) 심양에 고려군민총관부(高麗軍民總管府)를 설치하고, 이곳의 통치자로 심양왕(瀋陽王)을 임명해 고려 국왕과 같은 지위를 부여했다. 고려인이 이곳에 많이 살았다는 증거다.

　김씨 부인은 몽골군의 포로로 잡혀 요좌(要左)라는 군졸의 노예가 되었다. 부인이 노예로 종살이한 곳은 당시 북주(北州) 천로채(天老寨)라는 곳이었다. 아들 김덕린도 그곳과 가까운 곳에서 군졸 천로(天老)의 종이 되었다.

　북주는 원래 발해 15부의 하나인 동평부(東平府)에 속한 5개 주의 하나로, 발해 당시에는 비주(比州)라 했다. 정확한 위치는 알 수 없으나, 동평부는 말갈 지역인 무단강(牡丹江) 중하류 지역에 위치했으며, 그 중심지는 러시아 연해주와 접경을 이루는 헤이룽장성(黑龍江省) 미산현(密山縣)의 싱카이호(興凱湖) 지방과 후란강(呼蘭江) 이란현(依蘭縣) 등지라고

김씨 부인 모자가 종살이 한 곳으로 추정되는 지역을 표시한 지도

한다. 지금의 만주 동북방 지역이다.

　모친과 아들은 어떻게 해서 각각 요좌와 천로의 종이 되었을까? 요좌는 군졸인 것으로 보아, 당시 몽골군의 일원으로 명주에 침입했을 것이다. 아들 김덕린의 주인 천로도 마찬가지다. 그런데 이들이 거주한 지역, 즉 김씨 부인과 아들 김덕린이 종살이를 한 만주 동북방 지역은 과거 금나라 지배 지역이었다. 따라서 요좌와 천로는 순수한 몽골인은 아닌 듯하다. 실제 정벌에 나선 몽골군 가운데 순수 몽골인은 소수에 불과했고, 몽골군의 대부분은 현지 주민이나 그들이 정복한 복속민으로 구성되어 있었다. 이 때문에 몽골군으로 징발된 군인들에게 보상으로 포로들을 분배해주었다.

몽골군이 서해도의 양산성(椋山城, 황해도 안악으로 추정)을 함락했다. 이 성은 사면에 벽이 서 있고, 겨우 한 길로만 인마가 드나들었다. 방호별감 권세후(權世侯)가 성의 험준함을 믿고 술만 마시며 방비를 하지 않았다. 또한 몽골군을 과소평가했다. 몽골군이 성에 다다라 대포를 설치하여 문을 공격하여 부수고 화살을 비처럼 퍼부었다. 또 돌벽에 사다리를 설치하고 올라와 불화살을 쏘니 초막이 모두 불탔다. 군사가 사방으로 들어오니 성이 마침내 함락되었다. 권세후는 스스로 목을 매 죽었다. 성 안에 죽은 자가 무려 4,700여 명이나 되었다. 몽골군은 10세 이상의 남자를 도륙하고, 부녀자와 아이를 사로잡아 사졸들에게 나누어주었다.

—《고려사절요》 권17, 고종40(1243) 8월

몽골군이 서해도 양산성을 점령하기 위해 벌인 전투 장면이 생생하게 묘사되어 있다. 또한 성이 함락되자, 사로잡은 부녀자와 아이 들이 공격에 가담한 군사들에게 분배되었다는 언급도 있다.

몽골군이 고려를 항복시키기 위한 막바지 공세에 금나라의 정복민을 대거 동원하는 과정에서 요좌와 천로도 징집되었고, 두 사람 역시 포상으로 김씨 부인과 아들 김덕린을 각각 노예로 얻었던 것이다. 몽골군의 침입 속에서 김씨 부인 일가의 불행한 삶을 엿볼 수 있다.

오매불망의 혈육을 만나다

김씨 부인은 노예가 되었지만 헤어진 가족을 잊지 않았고, 언젠가는 돌아가리라 고대했다. 그렇게 10여 년이 흘렀고, 마침내 부인은 귀국하는

김씨 부인

고려인을 만나 아들 김천에게 자신의 소식을 전하는 행운을 얻었다.

(포로가 된 지) 14년 만에 원나라에서 온 백호(百戶) 습성(襲成)이란 사람
이 (개경의) 저잣거리에서 3일 동안이나 명주 사람을 찾았다. 마침 정선
(旌善) 사람 김순(金純)이 그 소식을 듣고 찾아갔다. 습성이 그에게 말하
기를, "동경(東京, 지금의 랴오양)에서 김씨 성을 가진 여자를 만났는데, 그
녀는 원래 고려 명주 사람이며, 아들 이름이 해장(김천의 어린 시절 이름)이
라면서 나에게 편지를 전해달라고 부탁했소. 당신은 해장을 아시오?"라
고 물었다. 김순이 "해장은 나의 친구입니다."라고 말했다.

—《고려사》권121, 김천 열전

원나라에서 편지를 가져온 습성이란 사람의 관직 '백호'는 원래 100호
를 관리, 통솔하는 원나라의 군직(軍職)이다. 원의 지배를 받으면서 고려
도 이 제도를 받아들였는데, 고려 때 백호는 5~6품 군직이다. 그는 개경
의 저잣거리에서 명주 사람을 찾다가, 우연히 김천의 친구 김순을 만나
편지를 전할 수 있었던 것이다.

14년 만에 소식을 접한 김천은 바로 달려가 어머니를 모셔 오고 싶었
지만 몸값을 마련하기가 여의치 않았다. 간신히 백금을 빌려 개경으로
가서 출국 허가를 요청했으나 이번에는 조정이 허락하지 않았다. 당시에
도 일반인이 외국에 가려면 허가를 받아야 했던 모양이다. 얼마 뒤 충렬
왕이 원나라에 간다는 소식을 듣고 다시 출국 허가를 요청했지만 역시
거절당했다. 그러는 사이 6년의 세월이 흘렀다. 그러나 간절한 마음으로
노력하는 자에게는 반드시 기회가 오는 법이다.

(김천은) 오랫동안 개경에 머물러 옷은 해어지고 양식도 떨어졌다. 하릴없이 울적하게 지내던 어느 날 길가에서 고향 승려 효연(孝緣)을 만났고, 울면서 그에게 하소연을 했다. 효연은 "내 형님인 천호(千戶) 효지(孝至)가 이번에 동경에 간다. 네가 따라갈 수 있을 것이다."라면서 바로 형에게 부탁을 했다. 어떤 이는 김천에게 "모친의 편지를 받은 지 이미 6년이 흘렀다. 모친의 생사를 어찌 알겠는가? 또 만나러 가는 길에 불행히 도적을 만나면 몸도 다치고 재물도 잃을 것이다."라고 충고하며 그를 말리기도 했다. 김천은 "차라리 가서 뵙지 못할지언정 어찌 목숨을 아끼겠소?"라고 말했다.

—《고려사》 권121, 김천 열전

김천은 효지를 따라 동경으로 간 뒤, 계속해서 고려인 통역 공명(孔明)과 함께 북주 천로채로 가 어머니의 행방을 수소문했다. 마침내 어머니를 만났고, 천로의 종살이를 하는 동생 덕린과도 상봉할 수 있었다. 김씨 부인을 데리고 있던 주인 요좌가 집에 없어 일단 동경으로 돌아온 김천은 한 달 후 다시 요좌를 찾아가 애걸하여 은 55냥으로 어머니의 몸값을 치렀다.

쌀 183석이나 된 부인의 몸값

김천 형제는 어머니를 말에 태우고 걸어서 동경까지 왔다. 동생 덕린은 그곳에서 어머니에게 작별인사를 했다. "편안히 돌아가세요. 지금은 비록 따라가지 못하지만 만일 하늘의 복이 있으면 반드시 다시 만날 거예요." 모자는 서로 끌어안고 울면서 말을 잇지 못했다.

그때 중찬(中贊) 김방경이 고려로 돌아가는 길에 동경에 도착해 이 소식을 들었다. 그는 김천 모자를 불러 칭찬하고, (고려) 총관부에 알려 귀국에 필요한 음식과 숙박 시설을 제공하게 했다.

그 후 김씨 부인 이야기는 다음과 같이 해피엔딩으로 끝난다.

명주 가까이 왔을 때 (부인의 남편) 김종연이 소식을 듣고 진부역(珍富驛)까지 마중 나와 부부가 서로 보고 기뻐했다. 김천이 술잔을 들어 올리고 통곡하니 좌중이 모두 눈물을 흘렸다. (부인의 아버지) 김자릉은 그때 79세였다. 딸을 보고 어찌나 기쁘던지 땅에 엎어졌다. 그 후 6년이 지나 (김덕린의 주인) 천로의 아들이 김덕린을 데리고 왔다. 김천은 86냥을 (덕린의) 몸값으로 치렀다. 몇 해 안 가서 몸값을 갚기 위해 진 빚도 다 갚고 아우 덕린과 함께 종신토록 효성을 다하였다.

—《고려사》 권121, 김천 열전

김씨 부인의 몸값이 55냥이었던 데 비해 김덕린은 86냥이다. 물론 지불 시점에 차이가 있지만, 남자이고 젊었기 때문에 몸값이 더 비쌌던 것이다. 이 정도 몸값이면 당시 어느 정도의 가치가 있었을까? 은이 몸값의 기준인 것은 고려와 원나라를 오가는 원거리 이동의 경우 현물 운송이 어려워 은이 화폐 역할을 했기 때문이다. 당시 다른 물품과 비교해 그 가치를 환산해보자.

충렬왕 3년(1277) 2월 방(牓)을 붙였다. 제왕(諸王, 왕족)과 백관에서 일반 백성까지 쌀과 콩을 차등 있게 내게 하여, 홍다구(洪茶丘)의 군대와 말의 식량과 사료로 충당케 했다. 당시 은돈 1근이 쌀 50여 석에 해당했다.

—《고려사》권79, 식화2 시고(市估)

〔공민왕 5년(1356)〕 9월 지금 은 한 냥의 값이 베 여덟 필에 해당한다. 해당 관청에 명령해 은전(銀錢)을 만들되 표식을 붙이게 하고, 그 양수(兩數)와 경중에 따라서 교환될 천과 곡식의 많고 적음을 결정하면 은병에 비해서 만들기 쉽고 재력을 적게 들여도 될 것이다.

—《고려사》권79, 식화2 화폐

충렬왕 3년(1277)은 김천이 어머니를 만나려고 준비하던 때이다. 이때 은 1근이 쌀 50석이라 했다. 은 1근은 15냥이므로, 55냥이면 쌀 약 183석이다. 또 공민왕 5년(1356) 당시 은 1냥은 베 8필이므로 55냥은 약 440필이다. 그럴 경우 동생의 몸값 86냥은 쌀 약 290석, 베 약 690필이나 된다. 원나라에 가서 몸값을 치르다 보니 국내에 비해 높게 책정되었다는 점을 감안하더라도, 당시 몽골에 끌려가 노비가 된 이들의 몸값이 매우 비쌌음을 알 수 있다.

김천의 집안은 향리 계층으로 명주에 오랫동안 뿌리내리고 살아온 유력층이었다. 일반 백성보다는 경제력이 있었기 때문에 어머니와 동생의 몸값을 치르고 귀국시킬 수 있었다. 반면, 대부분의 백성은 포로로 끌려가 노비로 비참하게 생을 마칠 수밖에 없었다. 20년의 종살이 끝에 귀국한 김씨 부인은 불행 중 다행이라 할 수 있다.

1265년(원종 6) 출생.

1270년(원종 11, 6세) 개경 환도. 삼별초 항쟁 일어남.

1271년(원종 12, 7세) 조씨 부인, 부친 조자비와 진도 남하 중 삼별초군 탈출.

1273년(원종 14, 9세) 제주도 삼별초 진압 참전, 부친 조자비 전사.

1274년(원종 15, 10세) 여몽연합군, 1차 일본 원정 실패.

1278년(충렬왕 4, 14세) 군인 한보와 혼인.

1281년(충렬왕 7, 17세) 여몽연합군, 2차 일본 원정. 시아버지 한광수 전사.

1290년(충렬왕 16, 26세) 합단의 침입.

1291년(충렬왕 17, 27세) 합단을 진압하던 남편 한보 전사.

1341년(충혜왕 복위 2, 77세) 이곡, 〈절부 조씨전〉 지음.

 * (사망 연도 미상)

조씨 부인

하늘만은 외면하지 않은 하류층 여성

이곡, 조씨 부인을 인터뷰하다

고려 말 유학자 이곡은 〈절부 조씨전(節婦 曺氏傳)〉(《가정집(稼亭集)》권1)
이라는 전기를 지었다. 이곡은 조씨 부인의 집을 구입했는데, 조씨 부인
은 이곡의 친구 이양직(李養直)의 처 외조모였다. 이양직은 이곡과 함께
1320년(충숙왕 7) 과거에 급제한 동기생[동년(同年)]이다. 이런 특별한 인
연으로 이곡은 부인과 자주 만나 부인의 기구한 삶을 기록으로 남길 수
있었다.

과거 합격 후 고려에서 약 10년간 관리생활을 한 이곡은 1333년(충숙
왕 복위2) 다시 원나라 과거에 합격해 그곳의 관리가 되었다. 그는 1337
년 정동행성 관리로 임명되어 고려에 귀국했다. 이곡은 뛰어난 문장력으
로 각종 교서와 외교문서 등을 작성하는 일을 맡았다. 이 무렵 이곡은 원
나라 황제에게 공녀 징발 중지를 요청하는 글을 올려 징발이 중단되기도

했다.

조씨 부인 전기는 이곡이 다시 원나라로 돌아가던 1341년(충혜왕 복위 2) 작성되었다. 당시 조씨 부인(1265년 출생)은 77세였다. 〈절부 조씨전〉은 인생의 황금기인 20대 후반 전쟁의 광풍 속에서 아버지를 잃고 남편과도 사별했지만, 이후 자신의 불행을 극복하고 만년에 평온한 삶을 누리고 있는 조씨 부인의 삶을 조명한 글이다.

과부로 산 50년 동안 부인은 밤낮으로 길쌈이나 바느질 같은 여인이 해야 할 일을 부지런히 하여, 딸과 손자와 손녀를 먹이고 입히며 살아갈 터전을 보전했다. 또한 손님 접대, 혼사, 장례, 제사 비용을 손수 마련했다. 77세이지만 아직도 탈 없이 건강을 유지하고 있다. 품성은 총명하고 지혜로워, 적에게 사로잡힐 당시 상황이나 근래 정치의 잘잘못, 사대부 집안의 내력 등을 이야기할 때는 하나도 빠짐없이 기억했다.

— 《가정집》 권1, 〈절부 조씨전〉

이곡은 조씨 부인의 일생을 한마디로 '곧게 살아온 여인[節婦]'이라 정의했다. 흔들리지 않은 올곧은 삶의 자세가 젊은 시절의 고난과 불행을 승화시킬 수 있어서 부인의 삶은 실패하지 않았음을 이곡은 강조했다. 그는 이러한 부인의 삶을 전기로 남겨 부인을 칭송하는 한편, 고단한 삶을 살아온 부인을 위로하려 한 것이다.

그러나 이곡과는 다른 각도에서 조씨 부인의 삶을 조명해보자. 젊은 시절의 고난과 불행이 부인의 만년의 평안함으로 승화된 것은 아닐까? 조씨 부인 이야기를 통해 전쟁의 광풍을 헤쳐 나온 고려 하류층 여성의 삶을 들여다보고자 한다. 이는 당시 고려 민초들이 살아낸 역사의 한 단면이기도 하다.

끝나지 않은 전쟁

1259년(고종 46) 몽골과의 전쟁은 끝났지만, 평화는 바로 찾아오지 않았다. 고려가 이행해야 할 강화 조건은 개경 환도와 세자 친조(親朝)였다. 세자(뒷날의 원종)가 몽골 황제를 조회함으로써 하나의 조건은 이행했지만, 강화에서 개경으로 환도하는 것은 쉬운 일이 아니었다. 무신정권의 붕괴와 연결될 수 있어 무신 권력자들이 쉽게 받아들일 수 없었기 때

조씨 부인

문이다.

　그러나 국왕과 문신 집단이 무신 권력자 임유무(林惟茂, 1248~1270)를 제거함으로써 마침내 11년을 지체한 개경 환도를 단행했다. 1270년(원종 11) 5월이었다. 환도와 함께 무신정권의 핵심인 삼별초 군대를 해산했지만, 이에 반발한 삼별초 군사들이 6월 이른바 삼별초 항쟁(1270~1273)을 일으켰다. 이들은 진도로 근거지를 옮겨 저항했다. 다음은 항쟁 당시의 정황이다.

　6월 (삼별초) 장군 배중손(裵仲孫)과 노영희(盧永僖) 등이 난을 일으켰다. 사람들을 시켜서 '몽골 군사가 우리 백성을 죽이고 있다. 나라를 지키려는 사람들은 모두 격구장으로 모여라.'라고 외치게 했다. 순식간에 많은 사람이 모였다. 그러나 사방으로 달아나거나 배를 타고 개경으로 도망하다 물에 빠져 죽은 자도 있었다. 삼별초 군인들은 사람들의 출입을 막고 강을 순찰하면서 '배에서 내리지 않으면 목을 벨 것이다.'라고 소리를 질렀다. 이 소리를 들은 사람들은 모두 두려워하며 배에서 내렸다. 간혹 배를 타고 개경으로 향하는 자가 있으면 삼별초 군인들이 작은 배를 타고 추격해 활을 쏘니, 모두들 감히 움직일 수 없었다. …… 강화를 지키는 군사들이 많이 육지로 도망해서 강화를 더는 지킬 수 없게 되자, 그들은 전선을 모아서 모든 재물과 자녀들을 싣고 남쪽으로 내려갔다. 구포(仇浦)에서 항파강(缸破江)까지 맞닿은 배들이 무려 1,000여 척이나 되었다.

　　　　　　　　　　　　—《고려사절요》권18, 원종 11년(1270) 5월

　삼별초 군사들은 무려 1,000여 척의 배를 동원해 군사와 물자를 싣고

| 제주의 삼별초 근거지 항파두리 성벽

진도로 향했다. 많은 백성과 군인이 강제로 붙잡혀 끌려갔다. 삼별초군에 억류되면 본인 의사와 관계없이 왕조의 반역자로 낙인찍혔다. 한국전쟁 때 한강을 건너지 못한 사람이 부역자로 몰려 고초를 당한 일을 떠올려보면 삼별초 항쟁 당시의 정황을 이해할 수 있으리라. 반역자로 낙인찍히는 데에는 신분과 직위의 고하가 없었다.

1259년 최씨 무신정권을 무너뜨린 주역이자 당대 문신을 대표하는 재상 유경(柳璥, 1211~1289)도 삼별초군에 붙잡혀 반역자로 오해받았다.

삼별초의 난 때 유경은 강화에서 가족을 데리고 배를 타고 개경으로 가다가 반란군에게 잡혔다. 반란군은 유경의 처자들을 작은 배에 태웠고, 유경은 재물과 보물이 실린 큰 배에 태웠다. 유경은 거짓으로 구토를 하

조씨 부인

고 열이 있는 체하면서 시원한 작은 배로 갈 수 있게 해달라고 부탁했다. 작은 배로 옮겨 탄 유경은 배의 밧줄을 끊고 도망쳤다. 처음에 유경이 반란군에 잡혔다는 소식을 들은 국왕은 그를 반란의 주모자로 의심했다. 유경이 도망쳐 오자 왕이 크게 기뻐하며 평장사와 병부판사에 임명했다.

—《고려사》 권105, 유경 열전

탈출하지 못했더라면 유경은 반란의 주모자로 몰릴 뻔했다. 재상조차 믿지 못할 정도로 불안과 불신의 어두운 그림자가 반란 직후 조야를 뒤덮고 있었다.

삼별초 진압에 희생된 아버지

삼별초 항쟁 당시 조씨 부인은 6세였다. 고향이 수령현(遂寧縣, 전남 장흥군)인 것으로 보아 군인으로 징발된 아버지를 따라 일가가 임시 수도 강도(江都, 강화군)로 이주했던 것으로 추정된다. 〈절부 조씨전〉에 따르면, "6세이던 부인은 군인 아버지 조자비(曺子丕)와 함께 삼별초군에 체포되어, 삼별초군을 따라 진도로 남하했다. 남하 도중 아버지는 딸을 데리고 탈출하여 개경으로 귀환했다."고 한다.

어머니와 다른 가족에 관한 언급은 없다. 다만 뒷날 과부가 된 조씨 부인이 언니 집에 머물렀다는 기록이 있는 것으로 보아 가족 모두 체포되었다가 탈출한 것으로 추정된다. 그러나 탈출의 기쁨도 잠시였다. 아버지는 이번에는 삼별초 진압군에 편성되어 멀리 제주도 원정길에 나섰다.

항쟁이 일어난 지 1년이 지난 1271년 5월 고려와 몽골연합군은 삼별초군의 근거지 진도를 점령한다. 삼별초군은 근거지를 제주도로 옮겨 약 2년간 버티다 1273년 4월 마침내 고려와 몽골연합군에 의해 진압된다.

(고려군 사령관) 김방경이 흔도(忻都) 등과 함께 병사 1만 명과 전선 160척을 이끌고 추자도에서 바람이 잦기를 기다린 후 탐라(제주도)로 가서 삼별초군을 공격했다. …… 관군이 외성을 넘어 진입해 사방으로 불화살을 쏘자 연기와 불꽃이 하늘에 가득했다. 삼별초군이 크게 무너지자 (삼별초를 지휘한) 김통정(金通精)은 무리 70여 명과 산으로 도망쳤다. 장수 이순공(李順恭)과 조시적(曹時適) 등은 옷을 벗어 상체의 일부를 드러낸 차림으로 항복했다.

—《고려사절요》권19, 원종 14년(1273) 4월

원나라는 고려와 연합군을 꾸려 삼별초군을 신속하게 진압한다. 삼별초 군사들이 일본, 남송과 연합해 반(反)몽골 전선을 구축하는 것을 막기 위해서였다. 그러나 조씨 부인의 아버지 조자비가 제주도에서 삼별초군을 정벌하는 과정에서 전사한다.

일본 정벌로 시아버지를 잃다

삼별초 군사를 진압한 원나라는 이듬해 1274년 1차 일본 정벌에 나선다. 6월 고려 원종이 사망하고 세자 충렬왕이 즉위한다. 10월 여몽연합군

몽골군과 일본군의 전투 장면 《몽고습래회사(蒙古襲來繪詞)》의 한 장면으로, 몽골의 일본 원정 당시 몽골군과 일본 사무라이가 전투를 벌이는 모습이다.

은 원나라 군사 2만 5,000명, 고려 군사 8,000명과 고려 사공 6,700명에 900척의 전함을 더해 일본 정벌에 나섰으나 태풍으로 실패한다. 돌아오지 못한 군사가 1만 3,500명으로 전체 군사의 절반에 이르렀다. 무모한 정벌의 대가는 참혹했다.

조씨 부인은 13세 되던 해(1278) 혼인한다. 남편 한보(韓甫)는 벼슬이 무반직인 대위(隊尉, 정9품)로 군인이었다. 부인의 시아버지도 군인이었다. 가정을 꾸린 지 3년이 되는 1281년(충렬왕 7) 5월 2차 일본 원정에 시아버지가 참전했다.

2차 일본 원정군은 1차 때와 비교할 수 없을 정도로 대규모였다. 1279년 남송을 정벌한 후 남송 군사들까지 대거 동원했기 때문이다. 원정군은 크게 두 갈래로 나누어 일본 정벌에 나섰다. 고려 합포(마산)에서 출발한 여원 연합군의 규모는 군사 4만 명(고려 군사 1만 명)과 고려 전함 900척이었다. 중국 강남 지역에서 출발한 강남군(옛 남송 군대)의 규모는 군사 약 10만 명과 전선 약 3,500척에 달했다.

5월 4일 (몽골군) 흔도, 홍다구와 (고려군) 김방경, 박구(朴球), 김주정(金周鼎) 등이 수군을 거느리고 일본 정벌에 나섰다. …… 6월 8일 김방경 등이 일본군과 싸워 300여 명의 적을 죽였고 다음 날에 다시 싸웠는데, (몽골의) 홍다구 군대는 크게 패전했다. (강남군의) 범문호(范文虎)도 전함 500척, 만군(蠻軍) 10만여 명을 거느리고 왔으나 때마침 큰 폭풍을 만나 만군이 모두 물에 빠져 죽었다.

—《고려사》 권29, 충렬왕 7년

위 기록과 같이 합류 후 함께 공격하기로 한 강남군이 제때 도착하지 않아 효과적인 작전을 펼칠 수 없었다. 일본군의 저항도 예상외로 거셌다. 마침 불어닥친 태풍으로 연합군은 커다란 피해를 입었다. 2차 정벌 역시 실패로 끝났는데, 이번에는 조씨 부인의 시아버지가 전사한다.

합단의 침략에 전사한 남편

1290년(충렬왕 16) 12월 원나라 사람 내안(乃顔)이 만주에서 반란을 일으켰으나 세조 쿠빌라이에게 진압된다. 그러나 내안의 부하 합단(哈丹)이 같은 해에 만주에서 다시 반란을 일으킨다.

합단은 원나라 장수 내만대(乃蠻帶)에게 패해 쫓기면서 두만강을 건너 고려 동북방 지역(함경도와 강원도)으로 침입한다. 충렬왕이 강화도로 피란을 할 정도로 상황이 위급했다. 고려는 3군을 편성해 침략에 대비하는 한편 원나라에 지원을 요청했다. 원나라는 군사 1만 3,000명을 고려에 파견했다.

합단은 쌍성, 등주(안변)를 함락하고 철령을 넘어 교주도(강원도)에 침략했다. 남하해 양근(양평)과 원주 치악성을 공격했다. 이때 원주별초 원충갑(元沖甲) 등이 적을 물리쳤다. 패배한 합단은 충주로 향했고, 일부는 수도 개경 부근까지 진출했다. 합단의 반란군은 충주산성을 공격했으나 실패하자 남하해서 연기현(세종시)에 집결했다.

5월 1일 합단적이 연기현에 주둔했다. 원나라 설도간(薛闍干)이 이끄는 대군과 고려의 3군이 밤에 목주(천안)를 출발하여 동이 틀 무렵 연기현 정좌산(正左山) 아래에 이르러 적을 포위했다. 적이 크게 놀라 산에 올라 험한 지형을 등지고 싸웠다. 고려군의 보병은 적진 앞에서 싸우고, 기병은 적의 후방을 공격했다. 적은 말을 버리고 숲속으로 숨었다. ······ 보병 500명이 앞다투어 나아가 목숨을 걸고 싸웠다. 군졸 이석(李碩)과 전득현(田得賢) 등이 앞으로 돌격해 선봉에 있던 적의 장수 두 사람을 베었다. 승세를 타고 커다란 함성을 지르며 대군 전체가 적의 군대를 공격했다. 세력이 약화되어 도망한 적을 공주강(금강)까지 추격했다. 적의 시체가 30여 리에 걸쳐 있었고, 강을 건너다 익사한 자도 많았다. 적의 정예 기병 1,000여 명은 강을 건너 도망쳤다. 적의 부녀자와 의복, 말안장, 보물, 그릇 등 전리품이 헤아릴 수 없이 많았다.

—《고려사절요》권21, 충렬왕 17년(1291) 5월

고려와 원나라 연합군은 연기현에서 합단의 주력 부대를 물리쳤고, 이로써 1년 반에 걸친 합단의 고려 침입이 평정되었다. 그러나 이번에는 조씨 부인의 남편 한보가 1291년(충렬왕 17) 여름 합단 군대와 전투를 벌이다가 전사한다. 조씨가 27세 되던 해이다.

하늘이 장수의 복을 내리다

    27세 때 남편마저 잃은 조씨 부인은 77세 당시까지 50년간 과부로 지 냈다. 홀로된 부인은 언니 집에 살다가, 딸이 출가하자 딸과 함께 살았 다. 그러나 딸이 남매를 낳고 일찍 사망하자 이후 부인은 외손녀(부군 이 양직)에게 의탁해 살았다.

    조씨 부인이 지금 살아 있다면 최고(最古)의 국가 유공자 유족일 것이 다. 이곡은 부인의 이러한 삶이 당대에 보상받지 못함을 아쉬워했다.

> 나는 일찍이 중국 사람들이 정절을 드러내기 위해 대문에 표시하는 것
> 이 왜 이렇게 많은지 괴이하게 생각했다. 알고 보니 재산이 많은 집안이
> 이를 빌미로 세금을 교묘하게 피하기 위해서였다. 만약 조씨 부인의 일
> 이 중국에 알려진다면 대서특필하여 전해질 것인데, 부인의 이름이 사
> 라져서야 되겠는가?
>
> ―《가정집》권1, 〈절부 조씨전〉

이곡은 사씨(史氏)라는 가공의 역사가를 통해 사평(史評)을 남긴다.

> 사씨(史氏)는 말한다. …… 부인의 부친과 남편은 사직을 지키는 전투에
> 서 모두 전사했으며 아들도 없다. 젊은 나이에 과부가 되어 절개를 지켜
> 노년에 이르렀다. 그러나 나라에서 도와주지도 않고 사람들조차 알아주
> 지 않는다. 아, 슬프구나. 그러나 하늘은 이를 외면치 않고 부인에게 건
> 강과 함께 장수를 누리게 했으니 마땅한 일이다.
>
> ―《가정집》권1, 〈절부 조씨전〉

부인에 대한 평가 속에 여성의 절개를 강조한 유교사관의 그림자가 드리워 있다. 그러나 이러한 시대적 한계에도 불구하고, 우리는 이곡의 글에 나타난 한 부인의 삶을 통해 기나긴 전쟁으로 고단한 삶을 살아온 고려 후기 민초들의 삶을 엿볼 수 있다.

견훤

1) 이도학, 《후백제 진훤대왕》, 주류성, 2015.

궁예

1) 김광수, 〈고려 건국기 일국가의식의 이념적 기초〉, 《고려사의 제문제》, 삼영사, 1986.
2) 이병도, 〈진단변(震檀辨)〉, 《진단학보(震檀學報)》 1, 진단학회, 1934.
3) 김부식 지음, 이병도 역주, 《삼국사기》 1·2, 을유문화사, 1977.

최영

1) 이중환 지음, 안대회·이승용 옮김, 《완역 정본 택리지》, 휴머니스트, 2018, 161쪽.
2) 홍명희 지음, 《임꺽정》 4권, 사계절출판사, 2008, 144~145쪽.

유청신

1) 김호동, 《몽골제국과 세계사의 탄생》, 돌베개, 2010, 165쪽.

임백안독고사

1) 김광철, 〈14세기 초 원의 정국동향과 충선왕의 토번 유배〉, 《한국중세사연구》 3, 1996.

이규보

1) 이우성, 《한국의 역사상》, 창작과비평사, 1983, 175쪽.

허씨 부인

1) 허흥식, 〈고려에 남긴 철산경의 행적〉, 《한국학보》 Vol.11, No.2, 1985.
2) 김영미, 〈고려시대 여성의 출가〉, 《이화사학연구》 25·26, 1999.

이미지 제공 및 소장처

문화재청
국립중앙박물관
서울대학교 규장각한국학연구원
박종기
국립문화재연구소
변남주
여주이씨 문순공파 대종회
양산시 홈페이지
위키미디어 커먼즈
일본 가가미신사

* 이 책에 쓰인 사진은 정해진 절차에 따라 저작권자의 허락을 받아 사용하였습니다. 이 책에 사진을 제공해주신 분들께 감사드립니다.
* 저작권자를 찾지 못하여 게재 허락을 받지 못한 사진에 대해서는 확인되는 대로 허락을 받고 통상의 기준에 따라 사용료를 지불하겠습니다.

고려 열전

— 영웅부터 경계인까지 인물로 읽는 고려사

박종기 지음

1판 1쇄 발행일 2019년 4월 8일

발행인 | 김학원
편집주간 | 김민기 황서현
기획 | 문성환 박상경 임은선 김보희 최윤영 전두현 최인영 정민애 이문경 임재희
디자인 | 김태형 유주현 구현석 박인규 한예슬
마케팅 | 김창규 김한밀 윤민영 김규빈 김수아 송희진
제작 | 이정수
저자 · 독자서비스 | 조다영 윤경희 이현주 이령은(humanist@humanistbooks.com)
조판 | 홍영사
용지 | 화인페이퍼
인쇄 | 청아문화사
제본 | 정민문화사

발행처 | (주)휴머니스트출판그룹
출판등록 | 제313-2007-000007호(2007년 1월 5일)
주소 | (03991) 서울시 마포구 동교로23길 76(연남동)
전화 | 02-335-4422 팩스 | 02-334-3427
홈페이지 | www.humanistbooks.com

ⓒ 박종기, 2019

ISBN 979-11-6080-246-7 03910

• 이 도서의 국립중앙도서관 출판예정도서목록(CIP)은 서지정보유통지원시스템 홈페이지(http://seoji.nl.go.kr)와 국가자료공동목록시스템(http://www.nl.go.kr/kolisnet)에서 이용하실 수 있습니다. (CIP제어번호: CIP2019010750)

만든 사람들

편집주간 | 황서현
기획 | 이문경(lmk2001@humanistbooks.com) 최인영
편집 | 강창훈
디자인 | 김태형

NAVER 문화재단   파워라이터 ON 연재는 네이버문화재단 문화콘텐츠기금에서 후원합니다.